La Voluntad de Volar

La Voluntad de Volar

Ubaldo Marin Marin

Número de Control de la Biblioteca del Congreso de EE. UU.:   2012904317
ISBN: Tapa Blanda   978-1-4633-2165-9
                   Libro Electrónico   978-1-4633-2164-2

Para pedidos de copias adicionales de este libro, por favor contacte con:
Palibrio
1663 Liberty Drive, Suite 200
Bloomington, IN 47403
Llamadas desde los EE.UU. 877.407.5847
Llamadas internacionales +1.812.671.9757
Fax: +1.812.355.1576
ventas@palibrio.com
380371

ÍNDICE

DEDICATORIA

Este libro esta dedicado a todos los niños, jóvenes y personas no tan jóvenes de México y el mundo, que en este mismo instante están aplicando su voluntad de volar, aun en contra de una gran cantidad de gente que los rodea y que los esta juzgando por perder literalmente la cordura y salirse de toda lógica, pero que aun así luchan por perseguir sus sueños y aspiraciones.

AGRADECIMIENTOS

Inicio agradeciendo a mi paisano Miguel Carrillo Ayala "Pinocho" pues se lleva todo el merito por regalarnos la rica historia de su vida, el ejemplo de vida, de perseverancia por que pocas existen como esta en este mundo, cada vez más vació de valores y lleno de vanalidades. A su esposa la Sra. Damaris Maya López de Carrillo, a sus hijos, Delia, Miguel, Avelino Finado, Bernardo, Alicia, Daniel, Carlos y en especial a la Sra. Estrella Carrillo Maya, que sin su colaboración no hubiera sido posible lograr esto.

Agradezco de manera por demás especial al Dr. Moisés Guzmán Pérez autor del libro Pinocho Una página en la historia de la Aviación Mexicana, por que una gran parte de esta obra esta apoyada en este trabajo. Además recibí de el consejos muy fructíferos que respaldados en su amplia trayectoria me sirvieron de mucho para realizar esta obra.

A mi abuela la Sra. Maria Suárez Sánchez por contarme sobre este tema e inspirarme por demás a hacer este trabajo. Que desde el cielo disfrute como yo de este libro.

Al General de Brigada del Estado Mayor German Javier Jiménez Mendoza Director General de Archivo e Historia, de la Secretaria de la Defensa Nacional, quien es un ferviente admirador del Capitán "Pinocho" y que gracias a esto me otorgo todas las facilidades necesarias para consultar el archivo militar del Capitán además de un libro sobre el tema.

Agradezco también al personal del Archivo General de la Nación por las facilidades otorgadas para obtener parte del material fotográfico de esta obra.

Al Dr. Crispín Duarte Soto y Santiago Jiménez Baca por autorizarme plasmar material fotográfico referente al Zitacuaro de la época en que se construyo el Pinocho. Al profesor Sergio Rojas por su ayuda y colaboración.

A todos los miembros de la SMEAL la Sociedad Mexicana de Estudios Aeronáuticos Latinoamericanos por el apoyo brindado y su entusiasmo, dedicación por rescatar todo lo referente a la historia de la Aviación Mexicana. En especial agradezco al piloto Oscar Fernando Ramírez Alvarado por su colaboración para este fin.

A la gente mayor de Agostitlan, en especial al Sr. Marcelino Suárez Garfias, quien a su modo narro el día que vio regresar a pinocho su pueblo Natal, muestra fehaciente del orgullo hacia pinocho, a todos mis amigos de Agostitlan quienes al igual que como a Pinocho los suyos, lo apoyaron; así ellos me han acompañado en esta "Locura" y se han contagiado de ella, colaborando con lo que estaba a su alcance, como son Elisenio Garfias Zetina, José Luís Garfias Montes de Oca, Adrián Tello Téllez, Antonio Marín Nava, Víctor Marín Nava, Rodolfo Marín Suárez, Jesús Suárez Marín, Trinidad Zetina Arias, Wendy Bucio Garfias, Lupita Guzmán Tello, Ma. Isabel Guzmán Marín, a mis compadres Agustín Suárez Marín y Sandra Luz Bucio Vilchiz, todos ellos me apoyaron el día que mostré por medio de una exposición fotográfica lo más sobresaliente sobre este gran personaje el héroe más grande que ha dado nuestro pequeño pueblo.

A Sr. José Auxilio Vega de Zitacuaro Michoacán. Al Sr. Enrique Arce de Los Ángeles California quien es uno de los testigos y protagonistas directos de esta historia a quien debo el haber aclarado muchos detalles importantes de esta historia. A la Profa. Mercedes Acuña Peralta, de la Paz Baja California Sur.

A mis Padres Tomas Alberto Marín Tello finado y Maria del Carmen Marín Suárez, a quienes me dieron la vida y la oportunidad con esto de poder concretar este sueño.

A mi Familia, Mi Esposa Maria de la Concepción, Mis Hijos Jimena, Valeria y Ubaldo quienes fueron mis cómplices directos en todo lo vivido durante estos últimos años y en quien se ha sembrado la esencia de esta historia, les doy el más grande agradecimiento por tenerme calma y entender que el tiempo que deje de dedicarles al estar escribiendo lo verán reflejado y sabrán que valió la pena cuando tengan en sus manos esta publicación, que es un hijo más para mi.

INTRODUCCIÓN

Al pensar en escribir este libro viene a mi mente el dilema por escoger el titulo, y sin pensarlo decidí utilizar el termino voluntad en el cual incluye sin dejar ningún vació la manera más clara de definir la vida y la hazaña realizada por mi paisano el Capitán Miguel Carrillo Ayala conocido con el alias de "Pinocho". Y hacer un homenaje bien merecido pero aun más mostrar el ejemplo que nos lego a sus coterráneos del pueblo de Agostitlan, a todos los michoacanos, mexicanos y por que no decirlo al mundo en general.

La voluntad pues tiene varios conceptos pero si lo analizamos a fondo podríamos considerar que es el motor de la humanidad; el actuar humano esta orientado por todo aquello que aparece como la mejor opción desde las actividades recreativas hasta el empeño por mejorar en el trabajo, sacar adelante a la familia o ser productivos y eficientes en cualquier ámbito u oficio por humilde que este sea. La voluntad opera principalmente en dos sentidos:

De manera espontánea, debido a la motivación y convencimiento de realizar algo, como salir a pasear con alguien, iniciar una afición o pasatiempo, organizar una reunión, practicar algún deporte, etc.

De forma conciente, debido al esfuerzo u obligación a realizar determinadas cosas: Terminar un informe o trabajo a pesar del cansancio, estudiar una materia que no gusta o presenta dificultades, recoger las cosas que están fuera de su lugar, levantarse a pesar de la falta de sueño, etc. Todo representa un ejercicio de voluntad porque se llega a la decisión de actuar contando con los inconvenientes.

La voluntad es fundamental para el ser humano pues lo dota de capacidad para llevar a cabo acciones contrarias a las tendencias inmediatas del momento. Sin voluntad no se pueden lograr objetivos planeados.

La voluntad pues tiene diversos conceptos desde el punto de vista de la Psicología, la Filosofía y otras ciencias pero en la vida misma solamente se puede hablar de un elevado desarrollo de la voluntad cuando el individuo puede subordinar sus deseos inmediatos, ligados a sus intereses, necesidades y bienestar personal, por unos principios morales elevados de conducta, por las exigencias de la necesidad social, cuando la ejecución del deber social se hace el objeto principal del deseo. Y solo con Voluntad se puede llegar al Éxito.

La palabra éxito encierra una serie de valores subjetivos, para algunos "éxito" es sinónimo de dinero, fama, liquidez y estabilidad financiera, para muchos otros, éxito es felicidad, integración familiar, ser el mejor en su campo de actividades, hay quienes consideran el éxito como el reflejo de una extraordinaria salud, y hay otros que de manera materialista piensan que el termino éxito, es meramente un concepto neurótico que te mantiene viviendo 100% en búsqueda de tener mas, ser más o hacer mas, en ocasiones incluso, sin tiempo para disfrutar de ese "mas".

El éxito es la consecución progresiva de un ideal digno. El éxito es lograr todo aquello que queremos lograr en el plazo que preestablecimos para lograrlo, siempre y cuando el objetivo o ideal digno, robustezca nuestra vida brindando claramente muestras de crecimiento y no me refiero meramente a crecimiento económico, sino al crecimiento interior.

Independientemente de la idea que conserves del concepto "éxito", lo primero que debemos entender para obtener nuestra rebanada "del pastel del éxito", es que no se presenta en la vida de las personas como consecuencia de la suerte, del destino, por mandato de Dios o por que así estaba escrito. El éxito, el fracaso, la felicidad y la plenitud total, la abundancia o la miseria son consecuencias de un estilo de vida que no obedece a la casualidad, sino a la causalidad.

Existen tres tipos de personas en este mundo, primeras: aquellas que nunca se han dado cuenta que en el mundo suceden cosas, jamás se percatan de los cambios ni de que los provoca, segundas: aquellas que si se dan cuenta que en el mundo están sucediendo cosas, simple y cómodamente se sientan a esperar a que en sus propias vidas les suceda algo maravilloso como consecuencia del destino o la suerte, y las terceras: aquellas que hacen que las cosas sucedan, que no tienen tiempo ni paciencia para investigar si al Señor Destino le da la gana hacer que algo maravilloso suceda en sus vidas, sino que salen con aplomo y alegría a provocar en la vida los cambios y beneficios que esperan en su propia existencia. A este grupo de gente pertenece Miguel Carrillo Ayala Pinocho.

Pues bien hemos tocado dos conceptos voluntad-éxito que van unidos uno a otro que si no existe uno el otro nunca se lograra todos tenemos una enorme capacidad de soñar y por supuesto de conseguir materializar nuestros sueños, pero precaución deberemos comprometer toda nuestra voluntad con aquellos sueños que verdaderamente queramos materializar en nuestras vidas, como lo hizo el "Pinocho", ahí donde nos falte voluntad, acumularemos frustración, y la conciencia plena de responsabilidad sobre lo que hicimos o no por cada uno de nosotros.

Ahora abordaremos el termino volar y desde lo simple diremos que es: "mirar a los pájaros y sonreír sin envidiarlos, sabiendo que cuando se desee, se pueden abrir las alas para acompañarlos". Volar, como acción es un sueño casi común de todos los hombres o el sueño natural, de dejarse llevar por esa sensación de libertad y entregarse a la voluntad del viento. O en otro contexto de la expresión, volar es ir más allá, dar rienda suelta a la imaginación hasta salirse de toda lógica; abro un paréntesis para decir que por esta razón a toda la gente que sueña y lucha por cumplir sus sueños

como sucedió con Miguel Carrillo y a muchos que fueron juzgados y señalados como locos. Y en la vida cotidiana el termino lo podemos aplicar en cualquier ámbito, en el trabajo, en la escuela, en el deporte, en el trato con la gente, con el medio ambiente, por algo Dios nos dio a cada uno una cruz, que lejos de ver como una pesada carga que eso sea la forma de abrir nuestras alas y así; volar, es no ponernos limitaciones, no desmayar ante nada, al contrario saber que la vida misma es un horizonte infinito que se nos ha legado y que en nosotros esta el decidir hasta donde podemos llegar si nos lo proponemos.

En México hemos dejado de ejercer la voluntad, pasan los años y seguimos teniendo un sistema plagado de involuntariedad, desde las más altas esferas del gobierno y a lo cual podríamos delegar toda la responsabilidad pero si hacemos un análisis no es eso lo que nos esta dañando es que dejamos que ese virus que ataca a la voluntad se haya implantado en nosotros y sin darnos cuenta hemos perdido ese motor tan poderoso que es la voluntad adoptando un ostracismo que nos anula, nos atrofia y nos pierde en suelos estériles sobre los cuales nada fructifica, ni crece, ni se fortalece.

Si bien es sabido que en México un hombre que desee estar en el sitio que le corresponde necesita esgrimir otras armas a más de su capacidad. Necesita halagar, cohechar, intrigar, mentir, traicionar y aplicar el ya conocido y famoso "el que no tranza no avanza" es tiempo de recapacitar y empezar a cambiar desde el fondo de nosotros mismos y saber que la voluntad propia es un principio que puede llevarnos a donde queramos llegar y un ejemplo claro de esto es La voluntad de Volar de Miguel Carrillo Ayala "Pinocho" quien nació en un pequeño pueblo, estudio solo hasta el tercer grado de primaria, aun sin recursos, sin preparación, sin apoyo del gobierno, sin patrocinadores, pero si con el esfuerzo, dedicación, motivación y el deseo de volar logro conquistar sus sueños, construyendo su propio avión y por meritos propios realizar un vuelo memorable de Zitacuaro a Ciudad de México encaramándose en la Gloria y se de antemano que al leer esta historia se podrá entender mejor lo que debemos hacer si queremos cambiar a México.

En mi experiencia personal debo mencionar que me entere de esta hazaña gracias a mi abuela Materna la Sra. Maria Suárez Sánchez quien una ocasión cuando yo era pequeño, estaba realizando una tarea sobre la historia de la aviación, ella me pregunto ¿ahora que te dejaron de tarea? a lo que yo conteste: investigo quien hizo el primer avión y mencione que habían sido los hermanos Writght y cual fue mi sorpresa

al escuchar lo que me dijo: ¡Como crees si lo hizo el "pinocho" que nació aquí en Agostitlan, obviamente yo me sonreí por que ese momento era ajeno a esta gran historia y por un momento creí que era otra leyenda de las que me contaba, por que como todos sabemos no fue el primer avión pero para ellos así había sido ya que era un lugar pequeño, sin acceso a la comunicación como ahora; recuerdo la forma en que me lo dijo con una gran satisfacción y orgullo y desde ese momento me dedique a buscar todo lo que tuviera que ver con el famoso paisano. Y se de antemano que a ti amable lector al ir leyendo esta historia te parecerá algo ficticio sacado de la imaginación de los más grandes escritores de novelas de ciencia ficción, o de las grandes producciones de holliwood, con héroes fabricados, pero esto es lo más valioso que es un personaje de carne y hueso digno de admiración.

Un pinocho no como el de Carlo Codolli ficticio, de madera, mentiroso, nariz larga y que soñaba convertirse en ser humano, Nuestro "Pinocho", es real, de madera humana de Agostitlan, nunca nos mintió, naricorto, que soñó con volar, y lo logro aunque para eso se regalaría a si mismo sus propias alas de oyamel del mismo tipo de árbol donde abren sus alas nuestras mariposas monarcas.

Mi abuela Sra. Maria
Suárez Sánchez.

Así pues el objetivo primordial de esta publicación es poder sembrar en el corazón de los niños, los jóvenes y los no tan jóvenes el ejemplo de la voluntad del "Pinocho" para que en el presente y en su futuro puedan convertirse en la mejor persona que puedan ser, en el ámbito que sea, inspirándolos para que vivan con respeto y paz para sí mismos, para los demás y para el medio ambiente. Me motiva por medio de esta publicación tomarles de la mano y guiarlos para que su vida sea un ejemplo para los demás, como lo es y seguirá siendo Miguel Carrillo Ayala Pinocho, teniendo presente que la voluntad y el amor es la fuerza que transforma el mundo.

Ayudar a los niños y jóvenes con esto a descubrir su potencial es una forma de verter semillas de amor, verdad, belleza y esperanza sobre la tierra fértil y necesitada, de un mundo que cambia, se renueva y mitifica constantemente por esa tan avanzada perdida de valores y de identidad y en mucho la ignorancia de este motor de la humanidad llamado Voluntad y que todos nacemos con ello lo importante es aplicarlo a nuestra vida diaria, donde estemos, al nivel que nos encontremos, con quienes convivamos, desde la más pequeña ranchería hasta la más inmensa ciudad, sabidos de que pondremos nuestro granito de arena para un mundo mejor.

I

Pinocho un capitulo en la Historia de la Aviación Mundial

Desde la antigüedad se ha manifestado la voluntad del hombre por volar; así en la mitología griega se menciona la leyenda de Dedalo e Icaro utilizando unas alas de pluma pegadas con cera, Leonardo da Vinci escribió un tratado en 1505 referente al vuelo de las aves y diseño varias maquinas voladoras, tiempo después se manifestó la época de la aerostación realizándose esta practica en varias partes del mundo.

En México no fue la excepción el sueño se empezó a gestar con la ascensión de un globo de papel no tripulado, inflado con aire caliente en la Ciudad de Veracruz el día 6 de Febrero de 1785 construido por Antonio Maria Fernández. 50 años más tarde el 12 de Febrero de 1835 se realiza la primera ascensión de un globo tripulado en la Ciudad de México por el Francés Eugine Robertson; 7 años más

tarde el 3 de Abril de 1842 escribiría su nombre como el primer aeronauta mexicano el Ingeniero Benito León Acosta siendo la primera ascensión en globo por un mexicano hecho registrado en la Ciudad de Puebla. Para cerrar la época del aeróstato, Don Joaquín de la Cantolla y Rico quien en 1914 realizaría una ascensión. En 1907 aparecieron los dirigibles encaminados meramente a anuncios publicitarios por mencionar un ejemplo el de la cigarrera el Buen Tono S.A.

Seguidamente aparecieron los aficionados iniciaron su aventura por fabricar los más pesados que el aire los planeadores, como lo es Miguel Lebrija, Juan Guillermo Villasana, y los Hermanos Juan Pablo y Eduardo Aldasoro Suárez. Cabe mencionar que los Aldasoro lograron volar 5 planeadores.

El 9 de Enero de 1909 Juan Pablo voló el planeador numero 3 quedando como anécdota que al aterrizar se fracturo una pierna.

El primer Vuelo en un avión en México y Latinoamérica, tuvo el honor de realizarlo Alberto Braniff el 8 de Enero de 1910, debido a los intentos fallidos la prensa no cubrió bien el acontecimiento; volvió a realizar la hazaña el 10 de Enero de 1910, se leía en el Heraldo en primera plana "Fantástico Pájaro de Acero Cruzo Ayer el Cielo Mexicano" El Conocido Sportsman Don Alberto Braniff logro ascender a una altura considerable. registrando su nombre con el primer vuelo en aeroplano en México y Latinoamérica. Cabe mencionar que el avión fue traído de Francia y el piloto era dueño de los llanos de Balbuena.

Si bien todos los créditos del primer vuelo se lo llevaron los Hermanos Wright el 17 de Diciembre de 1903, eso fue posible gracias al desarrollo de la aeronáutica como ciencia y técnica que hicieron personajes como Otto Lilenthal (Alemania), Clement Ader (Francia), o Samuel P. Langley y Octave Chanut en Estados Unidos desde el ultimo tercio del siglo XIX. Así como también la construcción del primer motor de combustión interna en 1883 por el Alemán Gottlieb Wilhem Daimler (1834-1900) fueron los pilares principales para el desarrollo de la aeronáutica, para lo cual se involucraron entre empresarios, ingenieros y científicos entusiastas de la aviación los cuales persiguieron siempre su obsesión, su sueño, y la voluntad de volar. Uno de estos entusiastas fue Miguel Carrillo Ayala "Pinocho". Pero nuestro pinocho, a diferencia de todos los anteriores, era pobre, sin estudios previos, sin patrocinadores, con solo lo que tenia a su alrededor y que para el era útil, pero si con la más grande y estratosférica voluntad logro sus sueños. Amable lector pudiera haber escrito un tratado muy amplio para dejar en claro el terminó voluntad, pero preferí narrar esta historia de la vida real, de un héroe de carne y hueso, que nos muestra el significado más explicito del termino Voluntad.

II

Agostitlan, Michoacán; Cuna Natal de "Pinocho"

Agostitlan, es un pequeño pueblo serrano del estado de Michoacán, ubicado a 25 km. al sur del Municipio de Ciudad Hidalgo antigua Taximaroa al cual pertenece con la categoría de tenencia. Durante la época de la Corona fue propiedad del Condado de Miravalle, llamándose en esa época Rancho Agostadero Segundo, el cual dependía de la Hacienda de Santa Catarina que correspondía a la municipalidad de Tuxpan y al Distrito de Zitacuaro. En esta época servia para agostar la mayoría del ganado de la III Condesa de los Miravalle de estirpe Gallego avecindada en Tuxpan. Y que es objeto de leyendas y mitos sobre los tesoros que en esta

región escondió. Después fue nombrado Congregación de Agostadero, más tarde Tenencia Benedicto López en honor a este gran caudillo de la independencia quien en su época puso de cabeza a los ejércitos de la Corona Española, tanto así que al aprenderlo en este lugar llamado Agostadero, no solo fue decapitado como Hidalgo sino también cercenado su cuerpo y colocado en partes en cada unos de los lugares de esta región del oriente michoacano. En la actualidad solo lleva el nombre de Agostitlan.

3

Agostitlan, Michoacán Pueblo de Madera Cuna Natal del Pinocho.
Foto: José Guzmán.

Durante el tiempo de la corona las viviendas estaban dispersas, con el paso del tiempo y el crecimiento poblacional se fueron congregando más y mas, pero fue hasta que el 23 de Octubre de 1892, en que se levanta un acta en la cual se disponía a elevar la comunidad a tenencia, para que tuviera un mejor ordenamiento y lo básico de cualquier comunidad, se realizo una asamblea esto encabezado por el miembro vocal titular de esta Congregación Marcelino Tello Orozco y como representante de este Gonzalo Granados así como los Vocales, Antonio Suárez, Antonio Velásquez, José Tello, Sacramento Marín y Zilvino Montes de Oca, el Gobierno del Estado aprobó el permiso pero con cláusulas en las cuales se exigía a todos los dueños de sitios a que los fincaran a la mayor brevedad posible y con más exigencia el circulo de la plaza, concediéndoles 40 días como máximo a partir de esta fecha para que empezaran su construcción; las personas que no cumplieran con esto se les recogerían los sitios para que los fincaran otras personas.

Al Fondo Tenencia de Agostitlan Calle Ocampo esquina con Zaragoza.
Foto: José Guzmán.

Se procedió a trazar las calles pero no vinieron topógrafos aquí se hecho mano de lo que se tenia y el señor Sacramento Marín quien era el mejor yuntero, fue quien con su yunta de bueyes trazo las líneas. Debido a esto, los encargados de construir por su gran talento la mayoría de casas, la parroquia y un pequeño kiosco en el centro de la plaza, fueron Dionisio Carrillo abuelo de pinocho y José Carrillo con madera aserrada a mano, colocando la madera de forma atravesada, con vigas y techos de tejamanil a dos aguas, utilizando clavos de madera, quienes a contra tiempo tuvieron que preparar un pueblo de madera y la humilde casa que años más tarde seria la cuna que recibiría al gran "Pinocho" quien construiría su avión de madera mostrándonos como se aprovecha lo que la naturaleza pone a nuestro alrededor.

5

Pequeño Kiosco de madera ubicado al centro de la Plaza Agostitlan. En
pose una familia típica de la época. Foto Antonio Suárez.
Foto: José Guzmán.

Este trabajo artesanal que realizaron sigue en pie en las viviendas típicas y pintorescas que aun se conservan a pesar de los años en Agostitlan y que son una muestra más de este pueblo, la cuna que recibió al gran aguilucho mexicano Miguel Carrillo. Ya que nació en una casita de las primeras en construirse a contrareloj, ubicada frente a la plazita principal.

Parroquia de Madera construida en 1900 por los
Carrillo familiares de Miguel.
Foto: José Guzmán.

En 1903 el Gobernador del Estado D. Aristeo Mercado promulga un decreto por el cual la Congregación de Agostadero o Agostitlan es elevado a Tenencia con el nombre de Agostitlan de Benedicto López y es anexado al municipio de Tuxpan.

Durante el Porfiriato el auge minero se vio manifestado en Michoacán con los minerales de Angangueo y Tlalpujahua. Agostitlan no era la excepción ya que un informe de Carlos Preuss y Bruno V. Steinaeker en Julio de 1904 informaron que descubrieron la presencia de un carbón gris en esta zona, por lo que el empresario Suizo Alfredo Stoffel propietario del fundo minero "La Corona" de Zitacuaro asociado con el militar Amado Arroyo realizo un contrato para construir una estación de ferrocarril en Agostitlan, el cual se conectaría con la estación de Irimbo para después entroncarse al Ferrocarril Nacional en la Estación de Maravatio, la intención era explotar las minas de carbón de hulla que en cantidades incuantificables se encuentran en el subsuelo de Agostitlan.

Placita principal, Agostitlan Michoacán.
Foto: Octaviano Suárez.

Parecía un futuro prometedor para este pueblito en cuanto al desarrollo y el progreso que podría traerle la construcción de una estación de ferrocarril, quizás como los pueblos mineros de Tlalpujahua y Angangueo pero el proyecto no se concreto debido a los conflictos desatados contra el gobierno del dictador Porfirio Díaz años más tarde por la revolución mexicana.

Casas de Madera, con techos de Tejamanil, vivienda típica de Agostitlan.
Foto: Octaviano Suárez.

Para ese entonces Agostitlan ya tenia el titulo de Tenencia, tenia toda la estampa de los pueblos montañeses, con casas amplias de madera (aserrada a mano), tablones anchos y gruesos los cuales se colocaban de forma atravesada, con techos de tejamanil a dos aguas, rodeado de bosques, en el centro de la plaza se situaba un pequeño kiosco de madera, y dos pequeños cedros que después eran imponentes en dirección al atrio parroquial, al norte la famosa casa de la tía "Domis" al sur la jefatura con su amplio portal y sus tres pilares hechos de madera al frente, al oeste la casita de pinocho con dos puertas al frente su portalito y un tejaban sobre dos pilares, al este, la pequeña parroquia con su entrada que constaba de 2 puertas de tablero, y un arco de madera en la parte superior que tenia una moldura que lo decoraba siendo los únicos detalles finos tallados a mano de la fachada y una casona que después funciono como cine y centro de espectáculos llamada "Teatro Tepeyac", sus calles empedradas muy bien trazadas y por todos lados confluían caminos reales, que llevaban a las rancherías aledañas así como a la cabecera municipal de Tuxpan y otro hacia Villa Hidalgo actualmente Ciudad Hidalgo municipio al que pertenece.

Vista del Cerro del Macho. Testigo mudo de la historia de Agostitlan.
Foto: José Guzmán.

Las fuentes de ingreso eran la agricultura, extracción de la raíz de zacatón, la elaboración de madera aserrada a mano, por ser un pueblo pequeño y pintoresco, se percibía una paz inmensa, en sus calles desnudas, se escuchaba el canto de las aves, como si ya estuvieran practicando sus mejores coplas para estar listos para la llegada de su colibrí soñador "pinocho".

A grandes rasgos este es el Agostitlan que recibió en su seno al gran Aguilucho Mexicano, "Pinocho" el cual nunca negó sus orígenes y siempre se sintió orgulloso de su tierra y muestra de ello es la entrevista que brindo a los diarios de esa época cuando aterrizo en México D.F. donde sus primeras respuestas fueron: que había nacido en el pueblo de Agostitlan cerca de Zitacuaro Michoacán. Y cabe hacer notar la seguridad que denoto al contestar sin negar su pueblo natal, aprovecho para decirles a los niños, los jóvenes, a todos los nacidos en Agostitlan y en otros lugares, que adonde vayan, en donde estén y al nivel que se encuentren nunca nieguen sus orígenes ni pierdan el suelo, porque como Miguel Carrillo que aunque lo perdió al lanzarse al vuelo, conservo firmes sus raíces como en mejor y más grande hijo que ha dado el pueblo de Agostitlan.

Así pues en este contexto se inicia la historia de Miguel, Su padre Avelino Carrillo Aguilar era un Joven de 22 años, de familia humilde padre carpintero y madre dedicada al hogar, su madre Felicitas Ayala Malagon de 29 años, era hija de hacendados don José Félix Ayala y Maria Malagón, eran españoles dueños de minas de plata motivo por el cual nunca aceptaron que su hija se casara con el Sr. Avelino (comentario hecho por la Sra. Damaris Maya viuda de Miguel), pero al final lograron unirse en matrimonio.

Sr. Avelino Carrillo Aguilar Padre de Miguel Carrillo. Foto: Estrella Carrillo.

El día 8 de Julio de 1905 después de recorrer la distancia entre Agostitlan y Tuxpan pero con toda la alegría de realizar su Matrimonio llegaron a las oficinas del registro civil siendo las 4 de la tarde. Ahí se presentaron Avelino Carrillo Aguilar de 22 años de edad de oficio dulcero y Felicitas Ayala Malagón de 29 años sin profesión por su sexo (así lo asentó en el acta el Juez), hijo el primero de Dionisio Carrillo y de Catalina Aguilar finados y la segunda de José Félix Ayala y Maria Malagon finados. Los comparecientes manifestaron que teniendo la voluntad de unirse en matrimonio para llevarlo a efecto y en cumplimiento de las leyes respectivas hacen presente esta determinación al infrascrito Juez. Fueron testigos por el pretendiente Juan García de 35 años y Leonardo Soto de 37 años casado el primero y viudo el segundo comerciantes y la pretensa a Daniel R. y Díaz y Onofre Vázquez de 53 y 67 años casados, comerciante el primero y Agricultor el segundo todos de esta vecindad. Fueron casados por el Juez J. Jesús Valdespino (Acta solicitada por el Mismo Miguel Carrillo al registro civil de Tuxpan el 14 de Octubre de 1933.) (APUMM).

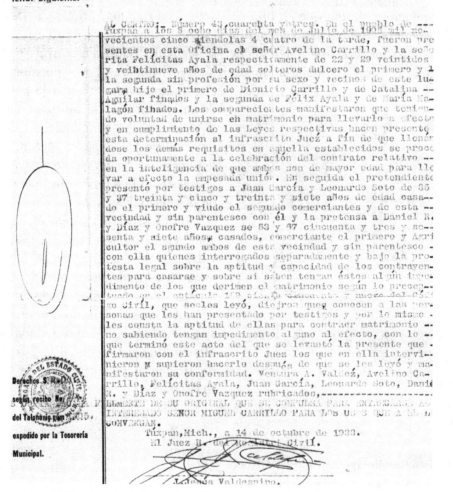

Acta de Matrimonio de los padres de Miguel Carrillo solicitada por el mismo
al Registro Civil de Tuxpan.

Tres años después el día 6 de Julio de 1908, en la avenida Hidalgo #4 de Agostitlan, en una humilde casa construida de vigas de madera, tablones y techo de tejamanil siendo las tres de la tarde nació Miguel Carrillo Ayala. El registro se asentó en el libro No. 1 del año 1908, con el número de acta 235 de la oficina del registro civil de Tuxpan Michoacán.

Fascimil del Libro de Registro Civil de Tuxpan donde se asentó el nacimiento de Miguel Carrillo. Foto Registro Civil de Tuxpan Michoacán.

Don Avelino acudió a registrar a Miguel hasta el día 23 de Julio de 1908 y fue castigado con tres días de arresto en la presidencia de Tuxpan por no llevar a registrar a tiempo a su hijo. Consta en el fascimil de su nacimiento que para ese entonces el nombre del pueblo era Tenencia de Agostitlan de Benedicto López, que se le impuso en honor a este caudillo de la Independencia originario de Tuxpan y quien fuera aprendido por los realistas en la guerra de independencia en el Agostadero hoy Agostitlan. Es notable como en un pueblo recién construido con madera, todo se hizo de madera,

sus casas, el kiosco, la parroquia, nació pinocho de madera; madera humana, después construyo su avión con madera y como si el lo hubiera dispuesto falleció en Santa Rosalía Baja California Sur un pueblo hecho de madera.

La humilde casa natal de Pinocho. Calle Hidalgo #4 Agostitlan.

La casa natal de "Pinocho" paso a ser por unos años cantina del afamado Canelo charro con mucho talento de Agostitlan, ahí se congregaban una gran cantidad de personas a tomar la copa, como anécdota recuerdo como de niño acompañado de mi primo "el chopion" y mi amigo el "chumina" entramos a la cantina a tocarles unas canciones a los clientes de

dicho establecimiento, llevábamos unas guitarras hechas por nosotros mismos con la lata de una sardina con cuerdas de hilo de pescar y el chopion cantando, cuando de repente se armo la trifulca y salimos disparados con solos unos cuantos pesos de lo recolectado. En esa época yo aun no sabia la historia que guardaba esa casita.

Cantina "El Canelo" en esto se convirtió después la casa de "Pinocho".

Mas tarde funciono como oficina de correos esto fue por la década de los 50´s y al final se convirtió en una talachera y lugar de cambios de aceite atendida por la familia Esquivel. Pareciera coincidencia la relación con los carros y la mecánica que aun en la actualidad sigue presente en esa casa.

Interior de la Casa natal del pinocho, se aprecian los grandes tablones de madera aserrada a mano.

Don Avelino pertenecía a la Junta Patriótica Liberal "Benito Juárez", era un hombre que profesaba el culto protestante ya que en esta zona había una tradición liberal anticatólica, por lo cual los presbiterianos crecieron en Zitacuaro un pueblo a favor de Juárez en la Guerra de Reforma, debido a esto no se encuentran datos de que Miguel Carrillo haya sido bautizado ni en la parroquia de Tuxpan ni en la de Agostitlan. La presencia de los ministros presbiterianos se expandían por todo el distrito de Zitacuaro y Agostitlan no era la excepción. De hecho la primera escuela que funciono fue la liberal.

A los 2 años de edad Miguel pierde a su madre victima de Fiebre tifoidea a la edad de 34 años en el año de 1910. (El dato se tomo del reconocimiento medico que se le realizo a Miguel el 16 de Junio de 1936 y confrontándolo con la edad de la señora Felicitas en el acta de Matrimonio, la causa de la muerte fue comentada por la Sra. Estrella Carrillo Maya.) esta desgracia cambiaria la vida de Miguel. Con la perdida de su madre Don Avelino tuvo que buscar quien cuidara del niño y se tuvo que apoyar en Eufemia Olmos quien fue para el como una segunda madre.

Cuidaba de él y como el Sr. Avelino era protestante no permitía que el niño acudiera a la pequeña capilla que había

en Agostitlan y siempre enviaba a Eufemia a sacar a Miguel de allá. Doña Eufemia fue tía de la numerosa Familia Olmos de las Joyitas una comunidad perteneciente a Agostitlan entre ellos el Sr. Candido, Marcelino, quienes recuerdan a su tía con mucho cariño. La Sra. Maria Hinojosa Olmos recuerda claramente como su madre platicaba con ellos acerca de su entenado Miguel.

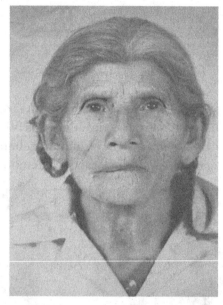

Sra. Eufemia Olmos estuvo a cargo de cuidar a Miguel al morir la Sra. Felicitas.

La infancia de Miguel en Agostitlan la compartió con varios amigos, recordaba como de pequeño alguna vez vio nacer unos colibríes en un nido en la parte más escondida de la ventana de su cuarto y de cómo vio pasar un avión mientras el y sus amigos jugaban canicas, desde entonces decidió que el iba a ser un inventor, de motocicletas, coches, submarinos y no solo eso, un día iba a volar en su propio avión, al cual llamaría "El chiras pelas primero." Mencionado en la jerga popular del juego de las canicas. Como vivía frente a la placita principal toda su infancia, la disfruto con sus amiguitos jugando a las canicas, al trompo y demás que siguen siendo los más arraigados en nuestro pueblo y aun hasta nuestros días se sigue pregonando el tan trillado "chiras te pelas primero".

Sin lugar a dudas todos hemos pasado por esta etapa en la cual el niño sueña con que será en el mañana, pero solo aquel que tiene firmeza, decisión, valor, seguridad pero sobre todo Voluntad puede llegar a lograr sus sueños. Y es muy común que los padres en general lejos de apoyarlos siempre sucede que les digamos una variedad de expresiones como: ¡estas loco!, ¿como crees que eso?, eso es imposible, ¿con que ojos?, ¿de donde? No sueñes, mejor ponte a trabajar y déjate de cosas, y hasta en las frases de dominio publico y canciones como ¡A que le tiras cuando sueñas mexicano! si reflexionamos en este sentido los mismos padres nos convertimos en verdugos de los sueños y aspiraciones de nuestros hijos, porque nuestra capacidad de soñar se ha venido abajo,

se ha marchitado, algunos ya frustrados, descargan esa frustración en ellos y no creen que sus hijos logren sus sueños, por eso es recomendable que a un niño no se le corten las alas de la imaginación, el ímpetu de buscar realizar sus sueños por imposibles que estos nos parezcan al contrario acompañarlos también y apoyarlos en lo posible en esos sueños. Y así lograr aplicar su Voluntad en el camino que decidan tomar por la vida, sin menospreciar sus capacidades.

III

Tuxpan, Michoacán; Pinocho sus primeras letras

A los siete años de edad Miguel y su padre se trasladan a Tuxpan para que Miguel estudiara ingresando a la escuela particular que se encontraba detrás de la iglesia logrando terminar solamente el tercer grado de Educación Primaria la única escolaridad básica que curso Miguel, y que tiempo más adelante le causaría problemas para seguir superándose ya que no pudo ingresar en su primer intento a la Escuela Militar de Aviación.

Panorámica de Tuxpan Michoacán, aquí estudio Miguel hasta el tercero de primaria. Foto Daniel Soto Moreno.

En su estancia en Tuxpan Miguel y su padre vivieron en la calle Juárez numero 25 pero solo estuvieron un corto tiempo para después trasladarse a Zitacuaro en busca de una mejor vida.

Durante su estancia por Tuxpan el niño Miguel convivió con muchos amigos de este pueblo entre los cuales estaban Refugio Martínez Guijosa amigo inseparable de Miguel con quien curso solo hasta el tercer grado de primaria. Siendo sus profesores, Nicolás Estrada, Domitilo Arroyo y Jesús Nateras.

Plaza principal de Tuxpan Michoacán.
Foto: Blog Tuxpan Mich.

IV

Zitacuaro, Michoacán: un adolescente soñador, apodado "Pinocho el loco"

Aproximadamente por el año 1918 Miguel Carrillo, su padre y la Sra. Eufemia Olmos, llegaron a Zitacuaro y vivieron en la casa ubicada en la calle Salazar Norte #4, donde establecieron un negocio de fotografía. No obstante su corta vida, despertaron en el inquietudes por ser un hombre de provecho, demostrando muy pronto facultades y aptitudes. Cuando solo tenia pocos años, reconstruyo una bicicleta, a la edad de 11 años sus inquietudes fueron madurando, desarrollando la actividad de compra y arreglo de bicicletas para rentarlas, apoyado por el rico comerciante Higinio Correa, le tuvo la suficiente confianza al proporcionarle cinco nuevas bicicletas emprendiendo un negocito, que aunque pequeño pero le dio para medio vivir. El negocio de Don Higinio se encontraba al lado de la famosa "Neveria Flores".

Después reconstruyo una motocicleta vieja y como en todo se tiene que ir evolucionando de estas dos cosas logro construir un pequeño carrito de pedales, al cual le adapto un motor viejo de 2 cilindros de una motocicleta en el cual se divertía de lo lindo con todos sus amigos, rompiendo todas las tardes la quietud del pueblo de Zitacuaro, por el alegre ruido de truenos y zumbidos que despedía el pequeño motorcito de su carro; los demás chamacos gritaban a todo pulmón, ¡Aguas que ahí viene "pinocho"!, la gente mayor solo expresaba ¡A que diablo de muchacho! Las beatas de la congregación religiosa mencionaban al mover la cabeza ¡Ese pinocho no tiene juicio! Al mismo tiempo que se sonreían al ver pasar la creación de aquel muchacho y los chamacos detrás de el gritando "pinocho; llévanos" para la gran mayoría de los pobladores del humilde Zitacuaro estaba más cuerdo que un huésped de la Castañeda (manicomio de la ciudad de México), ya que para algunos era además considerado una amenaza publica; en ese entonces Miguel portaba siempre como todo gran mecánico su overol manchado de grasa, colgado al volante de su gran carcachita ;esto sucedió en el año de 1918. Ya para estas fechas pretendía aprender mecánica naciéndole la idea de ingresar a un taller automotriz. Para lo cual desde su niñez se dedico a ayudar a los chóferes de urbanos, acarreándoles el agua para sus vehículos, con la intención de aprender de ellos de forma autodidacta. A medida que iban pasando los años Miguel se interesaba más por la mecánica y no hubo motor que no cayera en sus manos que no desbaratara, para volverlo a armar y perfeccionarlo.

Es importante mencionar como desde pequeño Miguel se fue enfocando a lo que le gustaba la mecánica, y lo hacia acudiendo con los chafiretes, los taxistas, para aprender además de mecánica como se gana la vida en este ámbito y que si lo analizamos desde pequeño se hizo muy responsable de el mismo aun a falta de su madre y aunado al trabajo de su padre como fotógrafo, pero aun con eso Miguel no se perdió en vicios sino que su enfoque a su sueño lo mantuvo siempre aprendiendo lo que deseaba, quizás uno como padres

a veces comentemos el error de darle a nuestros hijos todo lo que necesita en las manos y cometemos otro error garrafal, ya que marchitamos en ellos el instinto natural de supervivencia, porque quien nos garantiza que estaremos siempre a su lado, por eso cuando de ellos nace el ayudar en algún lugar, negocio, o actividad propia de la familia o conocidos, lejos de tenerles lastima y decir esta muy chiquito debemos verlo como una superación propia de ellos y el día de mañana veremos la madurez de su propia responsabilidad.

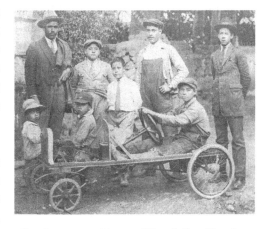

Carrito construido por Miguel Carrillo a los 10 años de edad, desde pequeño mostró su talento para la mecánica.
Foto: Delia Carrillo.

Después Miguel fue encargado con un familiar un tío llamado Primo Ayala, su estancia en esa casa no fue muy placentera ya que era tratado muy mal, menciona la Sra. Estrella como su padre le comento que cuando estuvo ahí de pequeño sus familiares lo acostaban con su abuelita, para que el se enfermara y muriera junto con su abuela para quedarse con todo lo que dejaría de herencia y que aun no moría la abuela cuando ya estaban cargando cosas de la casa. Desde niño Miguel tuvo que enfrentar de todo al quedar huérfano de Madre.

A la muerte de la abuela Miguel fue recogido por un sacerdote que lo cuido hasta que lo recogió Don Avelino y se lo llevo un tiempo a México. Quien por cuestiones de trabajo y por ser miembro de la Junta Patriótica Liberal obligaba

que estuviera regularmente en la Ciudad de México. Pero después regresaron a Zitacuaro y don Avelino estableció un negocio de fotografía.

Durante todo este tiempo y hasta los 22 años aprendió la relojería y la fotografía, viajando de rancho en rancho y de pueblo en pueblo dando una vez más muestras de cómo se lucha para ganarse la vida, y la gran fuerza de voluntad para lograr sus objetivos. En este tiempo fue cuando conoció a sus compañeros Armando y Antonio Manjarrez los cuales eran vecinos, porque vivió en la Calle Salazar Norte #4.

Casa donde vivió Miguel en Zitacuaro. Calle Salazar Norte #4.

Después Miguel Carrillo consiguió trabajo como chofer con el comerciante Arturo Martínez Marín al cual conoció en su estancia en Tuxpan y que era dueño de la tienda de abarrotes más grande del lugar y la actividad de Miguel era llevar mercancía de un lado a otro en un fortingo de cuatro puertas apodado "el niño Fidencio" en el cual recorría por brechas los caminos de Tuxpan, Zirahuato, Zitacuaro y Valle de Bravo.

a vivir con él. En este tiempo ya había tramitado su licencia y una tarjeta de identidad la cual debía siempre portar ya que sin ella no tendría validez la licencia. Por la parte anterior se observa una fotografía del Joven Carrillo a los 23 años.

Tarjeta de Identificación de Miguel Carrillo a los 23 años.

Miguel Carrillo los 23 años cumplidos.

En sus viajes por el rancho de Patambaro conocería al amor de su vida la Sra. Damaris Maya López y como se acostumbraba en los pueblos y aun en la actualidad se sigue viendo, Miguel literalmente se robo a Damaris y la llevo

En el anverso de la credencial mencionaba la fecha y las condiciones para dicho documento así como la fecha de su tramite y la firma del jefe de transito de ese entonces.

Anverso tarjeta de Identificación de Miguel.

Mas tarde trabajo como Taxista en el sitio de la calle Melchor Ocampo de Zitacuaro donde obtuvo junto con otros amigos en forma autodidacta, los elementales conocimientos de la mecánica automotriz pues la escuela de la vida fue la enseñanza que lo instruyo, y que además en su andar en estos sitios de aquí y de allá aprendió también a ser vacilador, chispa, le gustaban mucho los chistes y era agradable con todo mundo, causando gran hilaridad entre los que lo escuchaban, detestaba el servilismo y la alabanza pero sabia apreciar y reconocer el trabajo honrado, en esos días conoció a su grandes amigos José y Enrique Zepeda, Héctor Tregoni, Resalió Vaca entre otros.

La crisálida una de las estaciones de Gasolina que frecuentaba Miguel
desde pequeño. Foto: Crispín Duarte, Santiago Jiménez.

El trabajo como taxista le dejaba buenas ganancias y el aprendizaje que por iniciativa propia fue adquiriendo pero en un taxi nunca llegaría a volar y fue por eso que tiempo después decidió irse a la Ciudad de México con la intención de ver la posibilidad de ingresar a la escuela de Aviación, pero esto le fue negado por no tener los estudios básicos. Otra persona en su lugar se hubiera regresado y hubiera desistido pero Miguel sabia de antemano que no solo ingresando a la escuela podía lograr sus sueños y para seguir preparándose, tiempo después ingreso a un taller de mecánica de aviación en la Ciudad de México, siendo muy observador y dedicado despertando con esto aun más su interés y la idea de construir un avión.

JUAN SALGADO GONZALEZ, Sargento Primero Mecánico actualmente retirado del servicio activo por edad, y prestando sus servicios en la Aviación Civil, en la Compañía Mexicana de Aerofoto;

8-52

CERTIFICA:

Que el hoy Capitán 2/o.Piloto Aviador MIGUEL CARRILLO AYALA, encuadrado en el Segundo Escuadrón Aéreo con base en la Paz,Baja California,presto sus servicios como aprendis sin sueldo en la Escuela Militar de Aviación durante el año de 1932,fecha en que el suscrito se encontaba prestando sus servicios en dicho plantel como Sargento 2/o.Mecánico.

Para los efectos que el interezado convengan, y por constarme lo anterior le expido el presente en la ciudad de México,Distrito Federal,a los veintiun días del mes de septiembre de mil novecientos cuarenta y tres.

CERTIFICO LA AUTENTICIDAD DE LA FIRMA QUE CALZA EL PRESENTE DOCUMENTO

EL DÍA

JUAN GARCIA ROSAS

El Coronel de Cab. Jefe del Detall

Miguel aprendiz sin sueldo de un taller mecánico de aviación.
Foto: Archivo SEDENA.

26

Esto fue certificado por el Sargento Primero Mecánico Juan Salgado González mencionando que Miguel presto sus servicios como aprendiz sin sueldo en la escuela militar de Aviación durante el año 1932. Si analizamos esto Miguel aun sin recursos tuvo que emplearse en este taller mecánico, algunas personas dirán "yo que voy a trabajar sin que me paguen", pero para el su objetivo era firme y nunca le intereso lo material, al contrario sabia que era una forma de avanzar en su proyecto.

Dos años más tarde le fue otorgada la licencia numero 14 por la secretaria de comunicaciones para practicas de vuelo para ese entonces Miguel era un joven de 25 años.

Miguel nuevamente intento a toda costa ingresar a la escuela militar de aviación, pero por no cumplir los requisitos esto le fue negado rotundamente. Sus propósitos eran llegar a ser piloto aviador, pero para un joven pobre como era el, las dificultades para lograrlo eran insuperables, pero estas para un hombre de acción, no son sino acicates para vencerlas y Carrillo era un hombre de acción. Viene a mi la reflexión todos podemos presumir de tener la voluntad pero la ejecución de esta solo se complementa con la acción.

Miguel Carrillo a los 25 años.
Foto: Estrella Carrillo.

Pues bien desde niño Miguel mostró una decidida vocación por la mecánica, mientras sus compañeros de escuela se entretenían en juegos y diversiones propias de la edad escolar, nuestro héroe empleaba su tiempo en la construcción de pequeños aviones movidos por maquinaria de relojería que al principio fueron simples e ingeniosos juguetes, pero que más tarde ya tenían carácter de obras mecánicas que se iban acercando a la perfección, y en los cuales ponía todos sus empeños y los hacia volar sobre la calle Melchor Ocampo de Zitacuaro ante el asombro de los pueblerinos. Y esos juguetes mecánicos, fueron la primera base para lograr después la añorada construcción del "Pinocho".

Cerrito de Guadalupe, desde aquí Miguel lanzo su prototipo.
Foto: Crispín Duarte, Santiago Jiménez.

Previo a la construcción del "Pinocho" construyo un prototipo con una envergadura de unos dos metros aproximadamente, el cual era de cartón, adaptándole un motorcito de motocicleta, pero que aun con eso lograba que el avioncito se elevara, utilizando solo la cantidad de gasolina necesaria para que el avioncito aterrizara sin problemas, lo cual motivo aun más su voluntad de volar por que estaba seguro de que su proyecto rendiría frutos. Recuerda el Sr. Enrique Arce como un día subieron con este avioncito a la cima del cerrito de Guadalupe y se unió a la palomilla una gran cantidad de niños, llegando hasta el mirador.

Calle Melchor Ocampo hasta esa calle aterrizaba
el avioncito ya sin gasolina.
Foto: Crispín Duarte, Santiago Jiménez.

No había mejor lugar para probar su modelo, pinocho hizo los cálculos necesarios para hacer volar el prototipo y que aterrizara en donde el deseaba, ajusto los controles y doblo los pequeños alerones del timón de la cola antes de arrancar el motorcito, le había puesto la gasolina para que se elevara lo suficiente y descendiera planeando para el aterrizaje, todos bajaron corriendo y mirando el rumbo del avioncito hasta que por fin aterrizo y todos saltaban de la emoción mientras "Pinocho" con una sonrisa por el éxito de esta prueba corrió a recoger el avión, previamente tomo una foto para el recuerdo.

Prototipo que construyo Miguel previo a la construcción del Pinocho.
Foto: Estrella Carrillo.

Menciona el Sr. Enrique Arce que la última vez que vio volar un avión fue el momento en que Charles Lindberg había volado sobre una entusiasta multitud de espectadores del Wrigley Field, cerca de su casa donde vivía en Los Ángeles. El Sr. Enrique fue quien después de eso le ayudo con la traducción de los planos. La gente de Zitacuaro empezó a creer en el era una novedad su pequeño avión y se observa en la imagen la gran cantidad de gente que se reunió en torno a ella.

La quietud del pueblo de Zitacuaro, no le seducía, al contrario lo deprimía; su fe en si mismo, su perseverancia en la acción, sus naturales ímpetus le marcaban un camino a toda costa dispuesto a conseguir. Por que estaba en puerta el concretar su anhelado sueño.

V

Contexto histórico en México previo a la construcción del Pinocho. Tratados de Bucareli

No podríamos dejar de pasar por alto el contexto histórico de nuestro país durante, la infancia, adolescencia y juventud de Miguel ya que el no era ajeno a esto. La Revolución se había terminado. Los reclamos por los cuales lucharon los revolucionarios de 1910-1916 quedaron plasmados en la Constitución de 1917. El Gobierno de Estados Unidos observó con preocupación varios de los artículos de la nueva Constitución (3, 27, 33, 123 y 130), especialmente el 27 en el que se declaran propiedad de la nación los recursos naturales del suelo y subsuelo de México. Esto afectaba potencialmente a las compañías petroleras extranjeras muchas de ellas estadounidenses; México era el 2º.productor de petróleo del mundo en 1921. Miguel más tarde ya como teniente piloto aviador

participaría en defensa del petróleo. La presidencia de Álvaro Obregón (1920-1924) no había sido reconocida por el gobierno de Washington. Esa falta de 'reconocimiento' significaba para Obregón el cierre de los flujos de capital que México requería para reconstruir el país devastado por la Revolución que había ocasionado 1 millón de muertos y desquiciado las actividades económicas por 10 años. El gobierno estadounidense exigía la no retroactividad de varios artículos de la Constitución a cambio del reconocimiento. Nada de esto detuvo a Miguel mientras se gestaba la revolución el hacia la suya, luchando contra el ser señalado por la gente que lo tachaban de loco, y demostraba sus grandes capacidades inventivas al construir su propio carro. Aquí nos muestra algo de lo más importante que debemos imitar, que ante todo lo adverso que este sucediendo en nuestro país, estado, región o lugar de residencia nunca debemos dejar que eso nos impida avanzar en nuestros proyectos que aunque sabemos que estos problemas inciden directamente, salir siempre a flote con lo que cada uno desee lograr para si mismo y para los demás. Haciendo una revolución personal, que puede cambiar a la sociedad.

Para 1923, el gobierno de Obregón tuvo que ceder a las presiones de su vecino del norte; comisiones de los gobiernos de ambos países se reunieron en las calles de Bucareli en la Ciudad de México entre Mayo y Julio de 1923 para acordar las condiciones del reconocimiento.

Además de la no retroactividad en el artículo 27 para los petroleros estadounidenses, y otros artículos más, Washington exigió que México se abstuviera por 50 años de realizar investigaciones en diversas áreas industriales tales como fabricación de motores o aviones. Ésta última industria, la aérea, había tenido un loable desarrollo en México hasta la entrada en vigor de los tratados de Bucareli. Uno de los objetivos del tratado había surtido efecto: la industria aérea y de fabricación de motores había desaparecido en México. Pero no así para un esforzado Pinocho que desde

que era niño, adolescente, joven nada influyo para evitar que concretara sus sueños.

Para muchas personas significo una traba en su desarrollo personal, industrial, pero hubo personas que desafiaron las leyes, ya sea por ignorancia, desconocimiento, por voluntad propia o por vengarse del régimen de gobierno. Miguel Carrillo se considera el mayor ejemplo de este pequeño grupo de Mexicanos que aplicaron de la forma más clara el concepto de Voluntad gracias a su tenacidad, espíritu innovador, aventurero, y sobre todo el ejemplo de liderazgo y convencimiento que logro contagiar en el pueblo de Zitacuaro mostrándonos todo lo que puede lograrse con el esfuerzo puesto al servicio de una noble idea. Y nos demostró a todos así como al gobierno mexicano y al estadounidense la aplicación en contra de todo de su Voluntad de Volar.

Los tratados de Bucareli, impidieron en México el desarrollo por 50 años y el retraso en investigación y tecnológico están presentes hasta nuestra actualidad. Pero no así para nuestro paisano Miguel Carrillo y por eso debe conocerse a detalle esta gran historia.

De 1927- 1929 se dio la Guerra Cristera con una gran presencia en esta región. En 1929 Obregón es asesinado después de su reelección, el PRI nace bajo el nombre de Partido Nacional Revolucionario y en ese mismo año el país se hace merecedor del primer fraude electoral priista en contra del candidato Vasconcelos por Ortiz Rubio, el cual renuncia a la presidencia de la republica en 1932. Abelardo Rodríguez es el que termina ese periodo presidencial en 1934.

Junta Patriótica Liberal, símbolo de la política Zitacuarense.
Foto: Crispín Duarte, Santiago Jiménez.

El hacer este breve análisis de la situación del país es importante ya que en 1932 don Avelino Carrillo padre de Miguel siendo miembro de la Federación Nacional de Comerciantes e Industriales en Pequeño organización adherida al PNR fue nombrado delegado de Organización y propaganda en el distrito de Zitacuaro y con el apoyo de la bien organizada Junta Patriótica Liberal "Benito Juárez" que siempre influyo de forma directa en la política mexicana pusieron también su granito de arena.

FEDERACION NACIONAL DE COMERCIANTES E INDUSTRIALES MEXICANOS EN PEQUEÑO

ADHERIDA AL P. N. R.

Oficinas Generales { EDIFICIO DEL P. N. R.
ESQUINA AVE. JUAREZ Y REVILLAGIGEDO

Tel. Mex..........   Tel. Eric............
Expediente Núm.   Asunto...... ......

COMITE FEDERAL EJECUTIVO

Representante General,
Dip. Samuel Villarreal jr.

Representante Secretario,
José de Luna Sánchez.

Presidente,
Manuel E. Trejo.

Secretario General,
J. Jesús Bautista.

Secretario del Interior,
Luis R. Velasco.

Secretario del Exterior,
Alfredo Ramirez.

Srio. de Org. y Prop.,
Luis Escatel.

Secretario Tesorero,
Alejandrino Hernández.

Srio. de Actas y Corresp.,
Salvador Calderón.

Jefe del Cuerpo Consultivo,
Lic. Braulio Maldonado.

C R E D E N C I A L
Núm. 40.

AVELINO CARRILLO, cuya fotografía va al márgen, ha sido nombrado
----DELEGADO DE ORGANIZACION Y PROPAGANDA-------
en el Distrito de Zitácuaro, Michoacán, por este Comité -- Federal Ejecutivo para que pueda constituir y establecer agrupaciones de índole completamente nacionalista, alhiriéndolas inmediatamente a esta FEDERACION NACIONAL.-----

Rogamos a las autoridades, civiles y militares, que imparten al interesado las garantias constitucionales a que tiene pleno derecho como mexicano; que cualquiera atención que se le dispense para el mejor desempeño de -- su cometido será debidamente agradecida por esta propia FEDERACION NACIONAL.

Por la organización del comercio mexicano en pequeño.
México, D.F. a 29 de febrero de 1932.
Por el Comité Federal Ejecutivo,
El Presidente.

Manuel E. Trejo.

Srio. de Org. y Prop.   Srio. Gral.
J. Jesús Bautista.

REPRESENTANTE GENERAL:
Dip. Samuel Villarreal Jr.

Srio. del Ext.
Alfredo Ramírez.

Oficio donde Avelino Carrillo padre de Miguel fue nombrado Delegado de Propaganda por le PNR en el Distrito de Zitacuaro.
Foto: Estrella Carrillo.

Y para 1934 el PNR lanza a Lázaro Cárdenas como candidato presidencial y el cual ya como presidente apoyo a su paisano Miguel Carrillo. Y en 1938 realizo la expropiación petrolera y pinocho participa ya como piloto en la ofensiva contra la rebelión Cedillista, como vemos nuestro personaje no estaba ajeno del contexto de la historia nacional y se manifestaba ante ello como un gran héroe nacional. Defendiendo siempre sus ideales y la soberanía nacional. Y aun más defender sus sueños ante todo y contra todos, pasando por alto al gobierno mexicano, los Tratados de Bucareli y con esto al país vecino del norte.

Don Avelino Carrillo delegado de Propaganda y organización del PNR distrito de Zitacuaro.
Foto Estrella Carillo.

Es tiempo de cambiar a México ya que los talentos, los verdaderos talentos se encuentran aquí y allá, en todos los rincones de la republica, amargados, desilusionados, solitarios, aprovechando sus aptitudes en obras menores, acaso útiles pero inferiores a su capacidad, por el contrario Miguel Carrillo nos enseña con su ejemplo de vida a soñar, a actuar, no importa donde ni cuando, se te cierra una puerta, no desmayes intenta abrir otra, si alguien no te cree, trabaja duro para demostrar que si puedes, pero sobre todo demuéstrate a ti mismo que tienes Voluntad de lograr lo que te propones.

Debido a la tensión Europea hubo migración de una gran cantidad de extranjeros hacia México, y nuestro gobierno les otorgaba visas, pero con la prohibición de entrar al Distrito Federal, esto ocasiono que muchos de ellos de diferentes nacionalidades vinieran a radicar a la Ciudad de Zitacuaro, que por su ubicación Geográfica estaba mucho más cerca de la capital del país. Debido a esto en esta época Zitacuaro se consideraba una puerta al mundo ya que aquí vivían, Alemanes, Españoles, Norteamericanos, Ingleses, etc, los cuales influyeron de manera directa ampliando las expectativas para el progreso de Zitacuaro.

Para ese entonces Zitacuaro era un pequeño pueblo pintoresco, con no más de 10,000 habitantes, ubicado a 175 Km. de la capital de la republica, era cabeza de Distrito, a la cual pertenecía Tuxpan y por consiguiente la Tenencia de Agostitlan de Benedicto López.

Panorámica Zitacuaro, Michoacán época de la construcción del "Pinocho".
Foto: Crispín Duarte, Santiago Jiménez.

Sus calles y avenidas muy bien trazadas, de las cuales surgían imponentes un gran numero de edificios y plazas.

Plaza principal Zitacuaro.
Foto: Crispín Duarte, Santiago Jiménez.

El palacio municipal, la antigua plaza del mercado, el templo de los remedios, el Jardín constitución, Jardín de las flores.

Monumento a Benito Juárez Zitacuaro, Michoacán.
Foto: Crispín Duarte, Santiago Jiménez.

La presencia de monumentos como el erigido en honor Benito Juárez, Miguel Hidalgo, Melchor Ocampo y muchos más como el erigido en honor al filántropo Dr. Emilio García.

Monumento a Melchor Ocampo Zitacuaro, Michoacán.
Foto: Crispín Duarte, Santiago Jiménez.

El monumento a hidalgo fue construido en la avenida del mismo nombre que era la que llevaba hacia la estación del ferrocarril y en la cual circulaba el tranvía jalado por dos mulas.

Monumento a Hidalgo Zitacuaro, Michoacán.
Foto: Crispín Duarte, Santiago Jiménez.

El gran Teatro Juárez escenario de un gran numero de actos cívicos y culturales como la visita del Presidente Álvaro Obregón el 5 de Febrero de 1923, hago un reflexión al respecto ya que en Mayo y Julio siguientes Obregón firmaría los Tratados de Bucareli con Estados Unidos sin imaginarse que en esta tierra ya venia un mexicano que sin voz ni voto pero si con voluntad pasaría por alto esta firma, al construir en contra de todo su avión, como vemos la historia no solo la hacen los gobernantes sino que es el resultado de la microhistoria que cada uno de nosotros aportemos para crear la macrohistoria. Todo estos monumentos y el teatro Juárez marcaron una gran época en esta Ciudad tres veces heroica.

El histórico Teatro Juárez Zitacuaro Michoacán.
Foto: Crispín Duarte, Santiago Jiménez.

Además es digno de mencionar por separado un gran símbolo desde siempre y que sigue siendo el monumento a la Suprema Junta Nacional Americana en el llamado Cerrito de la Independencia. De donde Miguel simbólicamente lanzo el prototipo de su avión con lo que este monumento tiene un significado más en la historia de Miguel, de nuestro Estado y de nuestro país. En la actualidad surge y se muestra imponente en lo más alto orgulloso de guardar en su espacio tan importantes acontecimientos.

Mirador del Cerrito de la Independencia.
Foto: Crispín Duarte, Santiago Jiménez.

Además contaba con un sinnúmero de hoteles, restaurantes, estaciones de gasolina y talleres de reparación de automóviles donde Miguel frecuentaba ir para aprender el oficio, todos ellos serian testigos mudos de lo que estaba a punto de acontecer.

Sr. Avelino Carrillo tiempo antes de su muerte.
Foto: Estrella Carrillo.

A grandes rasgos este es el Zitacuaro y sus pobladores que tuvieron la honra de conocer en tiempo real los sueños y proyectos de un joven ilusionado, entusiasta, perseverante y seguro de si mismo. Y que todos ellos conservaron la cordura mientras Miguel construía sus sueños en nubes de algodón.

Tumba de Don Avelino Carrillo, Miguel le construyo esta notable tumba en el panteón San Carlos de Zitacuaro.

En el 6 de Agosto de 1934, la tragedia sacudiría de nuevo a Miguel, falleció el Sr. Avelino Carrillo a la edad de 51 años de edad fue un duro golpe para Miguel ya que ahora si quedaba totalmente huérfano, tiempo después construiría una tumba muy especial para el en el panteón San Carlos de Zitacuaro. Poniendo la forma de una turbina sobre la tumba.

Vista frontal de la Tumba del Sr. Avelino.

Para Miguel la muerte de su padre fue un parteaguas, ya que poco después puso en venta la casa que le quedo como herencia, esto con el fin de obtener recursos y el capital necesario para la construcción de su avión, logrando venderla en la cantidad de 600 pesos.

Para esto tuvo que irse a vivir a la casa de su tía Soledad hermana de don Avelino y que para suerte de ella seria su familiar directo que disfrutaría la honra y el orgullo de ver realizado más tarde el sueño de su sobrino Miguel.

Casa en Zitacuaro vendida por Miguel en 600 pesos siendo el primer
presupuesto para construir el "Pinocho".

VI

La Construcción del Pinocho

No existe mejor ejemplo de voluntad y perseverancia que la construcción del avión pinocho, ya que aun contra todos los pronósticos, negación e incredulidad del pueblo de Zitacuaro, Miguel apoyado en su experiencia previa que fue adquiriendo desde niño en los talleres mecánicos, sitios de taxis, camiones y que aclaro no fue fruto del destino, de la casualidad o la suerte, sino de la firmeza y seguridad que imponía a todo lo que hacia poniendo de manifiesto el orden y la disciplina que tenia para todo comenzando por construir su propio automóvil, después las replicas miniaturas y enseguida el prototipo previo para su obra maestra que fue el pinocho y nos deja claro el ejemplo que debemos seguir en cualquier ámbito siempre ir por más llegar a más y lograr mucho mas, aun cuando todos te den la espalda, nadie te crea y te tachen de loco.

Para entender más la construcción del avioncito nos remontamos a los orígenes familiares de Miguel su abuelo Dionisio era carpintero, de Agostitlan Michoacán tierra que siempre ha vivido de los recursos forestales pues siempre se han derribado árboles para la subsistencia desde tiempos remotos, su abuelo construyo una gran cantidad de viviendas de madera en Agostitlan, utilizando para su estructuración solo clavos hechos de madera también pero hasta nuestros días esas casas siguen en pie a pesar del tiempo, pero Miguel logro trasformar la madera a un grado exorbitante motivo por el cual se le considera un artesano así consta en el libro de Manufacturas de Michoacán, refiriéndose: "al trabajo de los carpinteros michoacanos que ha dado mucho de que hablar : desde la belleza de sus muebles domésticos, sus retablos y artesones para los templos religiosos. La amplitud y firmeza de sus casas con techos de tejamanil, el arte de hacer violines y guitarras hasta la fabricación de un avión de madera hecho a mano por Miguel Carrillo"

Así pues lo primero que tuvo que hacer fue echar mano de sus raíces ancestrales como buen Agostitlense, un buen día del año 1934 se encontraba en la casa de su tía soledad ahí llego a buscarlo su amigo José Zepeda, Miguel le comento que irían al monte a traer madera, José

Zepeda le dijo ¿y para que quieres leña? el le contesto. Dije madera no leña, José pregunto que para que y pinocho le comento que para construir un avión José se quedo con la boca abierta sorprendido por demás de las intenciones de Miguel, en ese momento Miguel le mostró los planos del Avión pientempol air camper publicados en la revista popular mechanics Zepeda le dijo y de cuando acá, sabes tu ingles, no se pero buscare la forma de resolverlo.

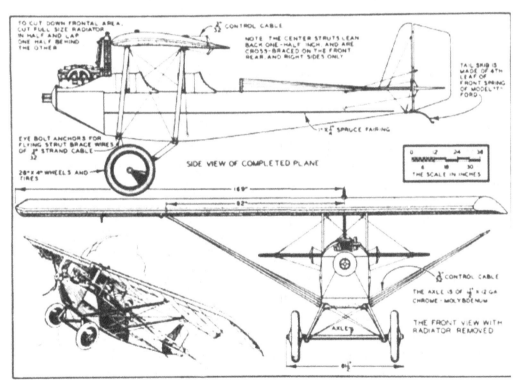

Planos publicados en la revista Populars Mechanics, en los cuales se baso Miguel para construir su avión.

El cerro del Cacique, década de los 30´s. su madera de oyamel, materia
prima para el pinocho. Foto Crispín Duarte, Santiago Jiménez.

Y hacha en mano enfilaron rumbo
al cerro del cacique, uniéndose a la
palomilla Antonio y Armando Manjarrez
Colin vecinos de Miguel de profesión
carpinteros. Ya en el cerro a Miguel le
gustaron dos árboles de oyamel y se dio
a la tarea de comenzar a derribarlos,
después de desbrazarlos y córtalos en
rollos pequeños para poder trasladarlos
a Zitacuaro, les dijo haremos un horno
provisional para preparar la madera
y después haremos el fuselaje en tu
carpintería comento a Antonio mientras
llevaban la madera hacia el taller de
carpintería.

Armando Manjarréz Colín,
Carpintero que ayudo a Miguel.
Foto Moisés Guzmán Pérez.

Para ese tiempo no se contaba con
maquinaria moderna, por lo cual para
la elaboración de la madera se utilizo

cerrote de hoja también llamado "cierra voladora", para esto se montaba el tronco de madera sobre unos horcones, y se marcaban las líneas de corte con un gramil, para esto se requería que una de las personas se subiera sobre el tronco y la otra debía quedar debajo de el, para mover la sierra hacia arriba y hacia abajo siguiendo la líneas que se marcaban con el gramil, esto daba a la madera una textura rugosa, por eso era llamada cierra voladora, por medio de este procedimiento se obtenían del árbol vigas, morillos y tablones. Además utilizó las herramientas básicas de la carpintería tradicional, Cerrotes, Garlopas, Formones, Berbiquí, Escochebre, escuadras, prensas, gurbias, etc.

Antonio Manjares Colín, Carpintero, junto con su hermano ayudaron a Miguel.
Foto Moisés Guzmán Pérez.

Ya que se tuvo lista la madera hecha tablones se empezó a construir el fuselaje basándose en los planos de la revista, pronto en el patio de la casa de Miguel apareció la estructura de algo que empezaba a tener forma de avión, pero como el espacio era reducido cuando quedo listo el fuselaje su amigo el conde Héctor Tregoni le alquilo el salón llamado las Ceres ubicado en la calle Allende cerca del templo parroquial, para que ahí se realizara el ensamblaje de todas las partes. Que era el cinema Morelos después conocido como cinema décimo y en la jerga popular como Cinema X. Donde se habían proyectado anteriormente las películas de la época del cine mudo.

Dos puertas hacia arriba se localizaba una joyería propiedad de la Sra. Josefina Townsend de Rubio, a donde acudía un sobrino llamado Enrique Arce que era hijo de José Arce y este a la vez cuñado del Ingeniero Guillermo Carrillo Duran familiar de Miguel y que fue alcalde de Zitacuaro en 1934. El Sr. José Arce había estado radicando en la Ciudad de México por un tiempo pero tuvo que regresar a Zitacuaro debido al divorcio del alcalde y su hermana ya que tenia una hija con el y había el riesgo que fuera separada de su hija por la posición de influencia del servidor publico.

En medio de las dos Mujeres el alcalde Zitacuarense, Ingeniero Guillermo
Carrillo Duran de 1934-1935
Foto: Crispín Duarte, Santiago Jiménez.

El joven Enrique tenia 12 años y había llegado procedente de los Ángeles California a la Ciudad de México y después a Zitacuaro debido a la repatriación de familias mexicanas por la crisis de los Estados Unidos, el había nacido en San Diego. El muchacho acudía todas las tardes a la joyería de su tía para aprender a fundir los metales y fabricar anillos así como aprender a grabarlos, ya que su familia rentaba una casona que estaba ubicada frente al mercado fue una tarde que al pasar por el salón las Ceres volteo hacia dentro del salón y vio por primera vez a Miguel Carrillo trabajando en el ala del avión, Miguel lo invito a pasar y se presentaron pero Miguel le dijo que podía llamarlo por su apodo "Pinocho", Enrique le pregunto que estaba haciendo y Miguel contesto que estaba construyendo el primer avión de México, Miguel le pregunto que de donde era el, le dijo que de los Ángeles California, a lo que Miguel pidió que se acercara a una mesa donde le mostró los planos los cuales estaban en ingles a lo que Enrique se ofreció a ayudarle a Traducirlos Miguel estrecho su mano y le dio la bienvenida como su asistente Enrique emocionado se comprometió a ayudarle todas las tardes.

Menciona el Sr. Enrique que al pasar los días Miguel le fue contando más acerca de su vida personal, le dijo que había estado en la Ciudad de México como aprendiz sin sueldo en los talleres mecánicos de la Escuela Militar de Aviación, pero que tuvo que regresar debido a la muerte de su padre, y que regreso con la convicción de construir su propio avión, para lo cual ya había vendido el rancho que su padre le había dejado como herencia así como la casa de Zitacuaro, le comento que también su padre le había heredado un viejo camioncito ford con más de 80,000 km. recorridos el cual decidió conservar para utilizar el motor en su avión, le menciono que había alquilado el edificio donde estaban construyendo el avión y que había comprado la mayoría de los materiales que necesitaba para construirlo. El Sr. Enrique dice que Miguel Carrillo lo inspiro con su determinación y perseverancia, que aprendió mucho mientras le sirvió como chalán y que además de traducir las indicaciones de los planos le pasaba toda la herramienta que le pedía, nunca se le olvidara la capacidad de pinocho para pensar en soluciones para los problemas que se le fueron presentando durante la construcción del avión.

Enrique Arce joven que apoyo a Miguel con la traducción de los planos, era de origen mexicano y fue repatriado a México durante la crisis de EUA.
Foto Enrique Arce.

Tanta fue su inspiración hacia pinocho que después ya en Estados Unidos estudio Ingeniería Mecánica y diseño de aeroplanos como los B-29 mencionando a Pinocho como su mentor y sintiéndose orgulloso de haber aprendido tanto de una persona tan innovadora y creativa.

En la actualidad el Sr. Enrique Arce esta jubilado tiene 92 años de edad y vive en Hacienda Heights esta en el (Engles... County) un suburbio de Los Ángeles California. Como podemos ver no solo ayudo a Miguel a traducir las instrucciones para construir el avión sino que además Pinocho le sirvió de ejemplo y se convirtió en Ingeniero Mecánico y diseñador de aeroplanos. Siendo un testigo y parte fundamental de esta historia.

El camioncito que le heredo su padre sirvió para tomar el motor de su avión y muchas otras partes que con su inteligencia logro integrar al avión, como fueron las viejas redilas de la carrocería para usarlas en las alas. Con la ayuda de su amigo el Sr. José Zepeda mecánico muy reconocido le hicieron muchas reformas al motor, le quitaron piezas (para evitar el peso excesivo, rebajaron el monoblock hasta que se aligerara lo suficiente sin perder resistencia) le quitaron fricción, le perfeccionaron la lubricación, le aumentaron la potencia de 10 caballos a 35 caballos además le cambiaron por completo el sistema de encendido, también le hicieron unos cambios a la refrigeración por agua y al condensador. Una de las innovaciones técnicas más significativas fue que le cambiaron el distribuidor por un magneto, que era una especie de generador eléctrico con dos polos magnéticos que por su propia chispa garantizaba el encendido permanente y el buen funcionamiento del motor este magneto era de la marca bosch. Después de arreglado el motor, tenía la potencia necesaria para levantar dos pasajeros. El motor se le coloco de manera invertida.

Vista Lateral Izquierda del motor en el Pinocho. Foto: OFRAMex 1.

Miguel con la ayuda del Sr. Zepeda tuvieron que hacer todos esos cambios al motor porque 6 años antes la fabrica ford lo había construido destinado para servir en un automóvil, pero a Pinocho se le ocurrió que también podía servir para impulsar su avión. Su adaptación de un motor de automóvil para motor de avión fue una verdadera obra de arte.

Mecánico José Zepeda junto con
Miguel modificaron el viejo motor
para usarlo en el "Pinocho".
Foto Moisés Guzmán Pérez.

Ya que pusieron el motor en buenas condiciones lo monto sobre el fuselaje, el radiador quedo frente a la cabina y la alimentación de agua era hecha por medio de una manguera de hule. El fuselaje tuvo que ser cubierto con manta, para darle resistencia.

¡Estas loco, se va a matar!… ¡Construye su propio cajón de muerto!… Así exclamaban con escepticismo los pobladores del humilde pueblo de Zitacuaro Michoacán. Cuando tuvieron noticias de que el joven y modesto mecánico Miguel Carrillo Ayala construía un pequeño avión con el intento de volar desde este lugar hasta la Ciudad de México, pues era su sueño dorado como muchas veces lo había manifestado.

Miguel Carrillo con su avión sin alas fuera del salón las Ceres. Todos se burlaban
de él y su pinocho. Diciendo que era su propio cajón de muerto.
Foto Moisés Guzmán.

UBALDO MARIN MARIN

Era muy llamativo como Miguel sacaba su avión aun sin alas y recorría la amplia avenida revolución desde la gasolinera de su amigo Zepeda hasta la calle Hidalgo. ante la burla de la mayoría de la gente que no le auguraba más que una muerte segura, porque nadie concebía como un joven falto de estudios y de dinero se diera a la tarea de construir un avión y que de paso lo hiciera volar; pero a el no le importaba seguía soñando poder abrir las alas de

su ilusión que en el pueblo de Agostitlan se había regalado a si mismo cuando era niño. A un reportero que lo entrevisto le platico "hubo un piloto... que se atrevió a decir, cuando vio el aparato construido a base de un motor viejo de Ford, que se dejaba cortar la cabeza si el avión de Pinocho llegaba siquiera a despegarse de la tierra" Como era de esperarse, el piloto no cumplió su promesa. La Avenida revolución fue pues la primera pista para el y su pinocho.

Avenida Revolución década de los 30´s, servia a Miguel como pista ahí
llevaba al pinocho a darle sus primeras caladitas.
Foto: Crispín Duarte, Santiago Jiménez.

54

Vista Lateral Derecha del Motor, se observa la manguera que viene del
Radiador hacia el motor. Foto OFRAMex 1.

Como ya mencione el motor se coloco de manera invertida, así que el radiador quedo frente a la cabina delantera y la manguera para la alimentación del agua quedo a la vista y descendía desde la parte superior del radiador.

Radiador colocado frente a la cabina delantera. Se observa el embudito
donde se depositaba el agua para el radiador. Foto: OFRAMex 1.

Por medio de un embudo de hojalata era introducida el agua hacia el radiador, este embudito fue algo muy notable y quedo colocado por encima del centro de las alas. Esto fue un detalle muy llamativo y característico del "Pinocho".

El radiador impedía la visibilidad por quedar junto a la Cabina delantera.
Foto: OFRAMex 1.

Debido a la posición del radiador Miguel tuvo que acondicionar la cabina trasera con todos los controles y aditamentos ya que adelante quedaría con muy poca visibilidad aumentando así más el reto por pilotear el temido "Pinocho".

El avión tenía en su cabina delantera los siguientes aparatos climb (indicador de velocidad vertical.), indicador de dirección, un velocímetro e indicador de temperatura de los cilindros del motor.

Cabina Delantera. Solo fue diseñada para otro pasajero.
Foto: OFRAMex 1.

En la parte lateral de cabina delantera estaban a la vista todos los cables que comunicaban con la cabina trasera ya que Miguel sobre la marcha durante la construcción del avión considero dejar la cabina trasera para el piloto.

Vista Lateral de la Cabina Delantera, se observan los cables
que pasaban hacia atrás.
Foto: OFRAMex 1

Cabina Trasera, Pedales para control de dirección, Asiento.
Foto: OFRAMex 1.

En la cabina trasera de izquierda a derecha Tacómetro Jaeger que media la revoluciones x minuto, velocímetro en millas tipo E, altímetro marca zenith, por debajo de estos un voltímetro y el control de los magnetos.

Abajo del lado izquierdo la palanca del acelerador, en medio la palanca de control y a la derecha la palanca de aire al carburador. Contaba con pedales para mover el timón de dirección.

Después se colocaron las alas las cuales estaban reforzadas en los bordes con fierro de redilas del camión, estaban sujetadas al fuselaje con cuatro perfiles metálicos y para dar mayor resistencia se soldaron las alas y los perfiles con cuatro tensores de acero.

Tren de aterrizaje vista anterior. Foto: José Luís Navarrete.

El tren de aterrizaje con dos amortiguadores cubiertos cada uno con su funda fuselada, que estaban incrustados en su parte superior sobre el fuselaje y hacia abajo en el tubo que iba hacia las llantas, al centro una unión fuselada a donde confluían dos tubos más y el eje de las llantas por lo cual le daba una gran flexibilidad.

Detalle de un amortiguador. Foto: OFRAMex 1

Fue algo muy importante el construir el tren de aterrizaje y sobre todo lo que se refería a la suspensión de este ya que en eso estaría la clave para un buen aterrizaje y por eso Miguel junto con don José Zepeda se pulieron como comúnmente se dice en esta área del avión, no puedo atreverme a decir que lo hicieron tan perfecto como la naturaleza le dio sus garras al águila real pero se acercaron tanto a esto que Miguel vivió para contarlo.

Amortiguador con su funda fuselada.

El amortiguar estaba unido a la base del fuselaje.

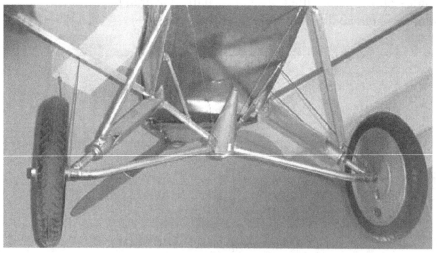

Tren de aterrizaje vista posterior. Foto: José Luís Navarrete.

En la parte trasera la cola del avión llevaba un patín de muelle que servia como freno. En la vista lateral del tren de aterrizaje se aprecia como fue ensamblado este para que tuviera bastante flexibilidad.

Vista lateral del tren de aterrizaje. Foto: OFRAMex 1.

Pareciera fácil de armar el tren de aterrizaje al verlo en estas imágenes pero la verdad es que gracias al talento de los dos mecánicos Miguel y José es que fue posible construirlo y que sirviera sin problemas.

Cola del Avión pinocho. Foto: José Luís Navarrete.

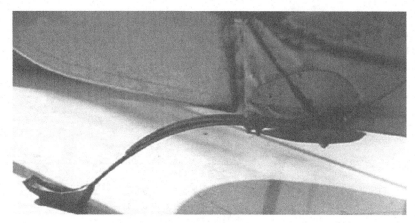

Patín de Muelle servia como freno. Foto: OFRAMex 1.

Después de haber sido ensamblado todo el Sr. Braulio Pérez Negrón se encargo de pintarlo, pero a falta de compresora lo hizo a mano, pinto el avión de color plateado y le dibujo a los costados un logo de pinocho de color rojo y la mascara que idealizaba al legendario Cacique de Zitacuaro "Cuanicuti" de colores verde, blanco, rojo, azul y amarillo; de alguna manera se notaban las raíces propias de la región al utilizar como insignia a este símbolo de la historia ya que era el símbolo de un Cacique Tarasco, que junto con sus 400 guerreros y unido a los mexicas, había enfrentado a Hernán Cortes en Tenochtitlan. Y pinocho después emprendería su propia batalla pero la de el seria contra la burocracia militar, que no lo había aceptado cuando pidió una oportunidad para ser piloto y que hizo todo lo posible por hacerlo desistir en su carrera militar. En el timón de dirección utilizo la imagen de un águila de color negro.

Insignias del Cacique y Pinocho. Foto: José Luís Navarrete.

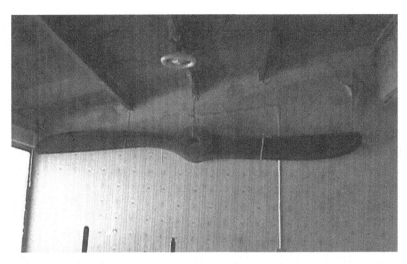

Hélice fabricada para el pinocho. Por su excesivo peso no fue utilizada.

Cabe mencionar que se labro una hélice de madera por el Sr. Armando Manjarres pero al colocársela al avión se dieron cuenta que era muy pesada y no fue utilizada, pero para Miguel no hubo imposibles el Conde Héctor Tregoni, de origen ingles, fue quien le dio a Miguel 75 pesos con lo que acudió a la Ciudad de México a comprar la hélice que fue utilizada, en un deshuesadero de aviones y que media 1.95 metros. Aunque no se utilizo la hélice aun se conserva en un domicilio particular del centro de Zitacuaro y esa es otra historia, menciona don Juan Guzmán que allá cerca de la pista improvisada como no

fue usada y pesaba mucho la dejaron ahí, después ese terreno se convirtió en establo pronto se fue tapando entre paja y pajozos menciona que un buen día su hijo llego a casa con la pesada hélice sabido de la satisfacción que seria para su padre quien colecciona cosas y antigüedades valiosas, don Juan al verla le dio un gusto enorme porque el si sabia de donde provenía y se dedicó a limpiarla con mucho cuidado sabiendo del valor histórico que representa y que aun con el paso del tiempo el barniz original se ha conservado.

Don Juan Guzmán la persona que
conserva la hélice que se labro
para el "Pinocho".

Detalle de los ensambles de
la Hélice.

La hélice fue labrada en bloques
separados en total fueron nueve que
se unieron en el centro por lo cual le
dio un peso excesivo y esto fue lo que
evitaba que el motor pudiera moverla
efectivamente y a la vez aunado a que por
ser hechiza no tenia el balance necesario
que se requiere para dicho fin.

Tiempo antes de que el avión quedara
en condiciones, Miguel viajo a la
Ciudad de México para tomar un curso
de aviación que le impartió durante
solo una hora el piloto aviador Rafael
el "chante" Obregón, ya que los
recursos económicos no le alcanzaron
para mas. Para Diciembre de 1935
regreso de nuevo a la capital y tomo
tres horas efectivas de instrucción con
Agustín Gutiérrez Peláez "El Gato" es
importante mencionar que a Miguel para
este tiempo ya se le había otorgado la
licencia de practicas de vuelo No 14 por
la secretaria de comunicaciones y obras
publicas esto fechado el 8 de Marzo de
1934.

FORMA-M-D-2.

SECRETARIA DE COMUNICACIONES Y OBRAS PÚBLICAS.

DEPARTAMENTO DE COMUNICACIONES AEREAS.

LICENCIA No. _____ 4.

PARA PRACTICAS DE VUELO

EXPEDIDA A FAVOR DE 1 Sr.

MIGUEL CARRILLO.

CUYO RETRATO Y FIRMA APARECEN.

MEXICO. D. F. Marzo 8 de 1934.

Nacionalidad MEX.

Edad 25 años.

Peso 45 kilos.

Estatura 1.64 It.

Color ojos café.

Color del Pelo cast.

Señas Particulares

FIRMA DEL ESTUDIANTE

Miguel Carrillo

El Jefe del Departamento,

Vo.Bo. El Oficial Mayor,

Licencia para prácticas de Vuelo otorgada a Miguel el 8 de Marzo de 1934.
Foto Estrella Carrillo.

Después de 2 años y medio el pinocho quedo Terminado y Miguel tenía el cálculo del costo por el avión por 1800 pesos.

Ya terminado estas eran sus características:

Su altura máxima era de 2.50 mts desde el piso al tapón del radiador, de largo 5.60 mts de la hélice a la cola, la hélice media 1.95 mts construida totalmente de madera, el ala media en su totalidad, 8.40 mts, el fuselaje contaba con cabina con dos plazas, el tren de aterrizaje contenía un patín de cola fijo, el motor era de la marca ford modelo "A" de 4 cilindros. El tipo de material que se había utilizado había sido: Madera, tubular, algo de lámina y tela para forrar las alas y el fuselaje. Y el material más importante su Voluntad de Volar.

Al regresar a Zitacuaro y con tan solo 4 hrs. efectivas de practicas, una con Chante y tres con el Gato, comenzó a probar su pinocho sin alas desde la gasolinera de Enrique Zepeda hasta la calle Hidalgo a la altura del antiguo cine avenida. Ya después de esto se enfrentaría con otro problema no tenia pista y desde luego que se encamino a habilitar un viejo terreno de labranza para darle el uso de pista así fue como junto con sus amigos emparejaron un terreno surcado que estaba al poniente de Zitacuaro

más o menos del tamaño el doble de un campo de fútbol, donde eran las ruinas de una vieja parroquia y que a un lado pasaba el cauce del río. Sus primeros intentos por despegar el avión fueron fallidos pero su constancia y dedicación eran más fuertes ya que en sus en su ratos libres lo encarreraba operando los pedales para dirigirse por el suelo, pero no lograba levantarlo, hasta que un día se le ocurrió jalar de la palanca de control que normalmente llevaba en neutral y ¡Oh, grandiosa sorpresa! el avión se fue al aire (este movimiento levanta el timón horizontal de la cola del avión, lo obliga a subir la nariz y lo pone en línea de vuelo). Toda la gente ahí presente contuvo la respiración como si con el aliento quisieran impulsar hacia arriba el avión, mientras pronunciaban ya, ya, ya va subiendo, la gente se volvió loca de la emoción pues nunca habían visto despegar a un avión. En esa ocasión su avión solo se elevo un metro. Pero Miguel menciono a todos los presentes "por algo se empieza". Es algo admirable como ante todas las adversidades Miguel les fue haciendo frente con lo que tenia a la mano. La gente que meses anteriores lo había tachado de loco ante estos hechos comenzó a creer en el.

Agustín Gutiérrez Peláez "el Gato" instruyo solo 2 hrs. a Miguel Carrillo.
Foto: Revista América Vuela.

VII

Sin escalas. Zitacuaro- Morelia.
Pinocho Mentiras al vuelo

La gente de Zitacuaro aun cuando ya había construido su propio avión y lo había logrado despegar un metro eran pocos los que confiaban en que realizaría un vuelo efectivo pero Miguel nunca se acobardo ni desistió de sus planes ya que amaba la aviación y soñaba con ser piloto. Y aunque para todos los pobladores no era más que un juguete para el significaba la forma de demostrar al pueblo, al estado, la federación, a Estados Unidos y al mundo entero su capacidad pero más aun demostrarse a si mismo que lo lograría.

Tiempo después realizo varias practicas y poco a poco lo elevaba más pero la pista era insuficiente para lograr elevarlo, aunado también a que las practicas las había hecho en un pista más amplia, le surgió la inquietud de buscar un lugar mejor.

El presidente Lázaro Cárdenas de visita en Zitacuaro, Miguel aprovecho
para pedir su ayuda a su paisano.
Foto: Crispín Duarte, Santiago Jiménez.

En una visita que realizó el presidente Lázaro Cárdenas, Miguel se las ingenio para llegar hasta donde estaba, vistiéndose de militar y le pidió la ayuda para llevar su avión a Morelia para tener una pista más amplia en donde pudiera elevar su avión, el General Cárdenas lo apoyo con el pago de la renta de una plataforma del ferrocarril de Zitacuaro a Morelia, procedió a quitarle las alas para llevarlo a Morelia al campo aéreo de lo que hoy es el aeropuerto Manuel N. López.

Estación del Ferrocarril de Zitacuaro,
Foto: Crispín Duarte, Santiago Jiménez.

Ahí el aparato fue tripulado por el entonces teniente Amado Arroyo Freudenbergh de la Fuerza Aérea, elevándolo solo hasta 150 metros, la opinión del Teniente no fue nada halagadora recomendando a Miguel que no lo sacara del campo aéreo por que encontraría una muerte segura.

Morelia Michoacán 1935.
Foto: Michoacán Motors.

Como no tenia el dinero necesario para regresar su avión pagando nuevamente la renta de la plataforma del ferrocarril, sin pensarlo seguro de su avión en el cual había puesto todo su corazón, su espíritu y sobre todo su Voluntad de Volar con lo poco que le quedaba de dinero lleno el tanque de gasolina y realizo el primer vuelo a distancia Morelia-Maravatio y de aquí a Zitacuaro siguiendo la ruta de las vías del ferrocarril, esto ocurrió en Febrero de 1936.

Aeródromo de Morelia 1936. De aquí se dirigió rumbo a Zitacuaro Miguel.
Foto: Compañía Mexicana de aerofoto. Fundación ICA.

Ese día la gente de Zitacuaro como ya era costumbre escucharon el zumbido el motor del armatoste de Miguel y empezaron a reunirse creyendo que Miguel haría una de tantas practicas de vuelo pero ¡oh! sorpresa el avión venia volando y en el improvisado campo de Miguel localizado al norte de la plaza principal, ya también se había reunido gran cantidad de gente que parecía la celebración de una fiesta nacional, la mayoría de la gente eran campesinos que nunca habían visto un avión, en este momento la multitud de personas se desbordaba de la emoción, pinocho empezó a bajar intentando aterrizar y con la mascada que llevaba el cuello moviéndola con su mano les pedía que desalojaran el área pero el mensaje no fue entendido por la multitud a más emocionada, que en lugar de quitarse le contestaron como si fuera un saludo, los campesinos se quitaban el sombrero y sus paliacates para moverlos con sus manos, las señoras lo hacían con los extremos de sus rebozos, se le había terminado la gasolina y no tuvo más alternativa de volar hacia el oeste y hacer su aterrizaje en una milpa que a causa de los surcos el avión reboto varias veces, golpeándose el tren de aterrizaje en el rió por suerte solo se rompió un amortiguador y el ala. El avioncito fue a dar entre unos magueyes, mientras un profundo silencio se apodero del lugar sus amigos corrieron en su ayuda pero Miguel salio victorioso de entre un magueyal, la Sra. Damaris corrió a el preguntadole: ¿Te encuentras bien? Miguel contesto: no me paso nada chaparrita, solo tengo unos rasguños, pero mi avión no se encuentra en buenas condiciones. Ella le dijo y piensas seguir volándolo, a lo que Miguel con firmeza contesto: si así lo haré me tardare un tiempo en repararlo pero consumare mi sueño dorado.

Miguel Carrillo después de su primer vuelo a distancia Morelia-Zitacuaro. Febrero de 1936. Al lado su Esposa Damaris Maya. Foto: Moisés Guzmán.

Menciono Miguel al Universal "Como me vi. sin recursos decidí llenar el tanque de gasolina y emprender el viaje Morelia a Zitacuaro en el tan temido "pinocho". En Zitacuaro ya me esperaba el pueblo para recibirme, pero fue tanta la aglomeración que tuve que aterrizar en un campo surcado, rompiéndose una rueda y parte de un ala del aparato. Me tarde tres meses en reconstruirlo. El coronel Roberto Fierro me obsequio gentilmente algunos materiales y tan luego como estuvo listo hice dos nuevas pruebas en Zitacuaro, Arregle el campo, cargue el avión y salí el jueves a las 7 de la mañana rumbo a México."

Roberto Fierro Villalobos ayudo a Miguel con algunas piezas para el avión.
Foto: SEDENA.

En esos tres meses que tardo en arreglarlo su Esposa la Sra. Damaris Maya de Carrillo le brindo todo su apoyo moral incondicional, ya que desde que empezó a construir el avión siempre le ayudo colaborando en la construcción del mismo.

La Sra. Damaris Maya López, esposa de Miguel Carrillo.
Foto: Delia Carrillo.

Miguel Carrillo, José Zepeda y amigos después de reparar el Pinocho. 1936.
Foto: Moisés Guzmán.

Recuerda la Sra. Damaris como charlando con la Sra. Soledad Carrillo tía de Miguel le dijo ¡ Ay hija! veo que ya no te llaman la atención las extravagancias de tu esposo, ella contesto así es y no me pesa sus inquietudes son limpias y propias de un joven sano de mente y cuerpo. Muy contrario a lo que todo el pueblo opinaba de el que estaba cuerdo. Aquí la Sra. Damaris nos muestra algo muy importante también, que cuando se vive en pareja siempre debe darse el apoyo mutuo en todo como si fuesen uno mismo.

Ya que puso de nuevo en condiciones el pinocho realizo dos nuevas pruebas en la pista improvisada de Zitacuaro, arreglo y amplio dicho campo para consumar su anhelado sueño.

VIII

Consumación de un sueño. Zitacuaro-Ciudad de México El gran vuelo

Antes del vuelo a Ciudad de México, los que conocieron la avioneta consideraron imposible este vuelo; no se concebía como haría Miguel para desafiar el espacio abierto con tan minúsculo aparato, pero el tenia fe en su triunfo, a tal punto que avisó por medio de un telegrama enviado a los diarios de la capital el día 13 de Mayo de 1936, mencionaba: "Después de haber realizado con toda felicidad el vuelo de Morelia a Zitacuaro, con mi pequeño avión "Pinocho" construido por mi en esta ciudad y el cual esta equipado con un motor Ford de cuatro cilindros, partiré el día 14 de esta población y espero llegar a esa capital entre las ocho y las nueve horas al Puerto Central Aéreo. Invito cordialmente a la prensa y al público a presenciar la realización de mis esfuerzos en un avión michoacano primero en su género, el cual es una nueva esperanza y testimonio volando, y que demuestra que en los Estados también estamos capacitados para crear aviación. Miguel Carrillo."

En su mensaje denota una protesta contra el centralismo del gobierno y pide se ponga más atención a lo que ocurre en los estados. Esto debe servirnos de ejemplo en todos los rincones del país para imitar la actitud de este Joven que de la nada y sin recursos logró consumar sus sueños.

En este telegrama Miguel demuestra una gran seguridad de lo que esta mencionando demostrando que con Voluntad es la única forma en que se logran las cosas.

14 de Mayo de 1936

Por fin llego el día Memorable de emprender el trascendental viaje, era un día Jueves, temprano todo el pueblo de Zitacuaro se reunió en torno a la pista improvisada que Miguel había habilitado como aeródromo, para despedirlo, ahí se encontraba ya gente de los diarios nacionales para cubrir el acontecimiento; como era de esperarse todo el pueblo se congrego en torno al campo improvisado todos en su gran mayoría con sombreros, al igual que en la Ciudad de México en el aeródromo de Balbuena la gente se conglomeraba en torno a la única pista que había en ese entonces, para esperar su llegada.

Mientras tanto ese día fue retratado el avión pinocho al frente de una gran cantidad de curiosos que se dieron cita para despedir a Miguel.

El pinocho rodeado de la gente de Zitacuaro previo al vuelo a la Ciudad de México. Foto: Crispín Duarte, Santiago Jiménez.

Después los reporteros de la capital pidieron a Miguel posara para sus cámaras pues la ocasión así lo ameritaba y se tomaron una gran cantidad de fotos, y en varias de ellas Miguel llamo a sus amigos más cercanos para que compartieran con el ese momento tan especial y quería dejar grabado para el recuerdo los momentos más importantes de su vida.

Miguel Carrillo previo a realizar su vuelo Zitacuaro-Ciudad de México.
Foto: Moisés Guzmán.

Posaron junto a el sus más cercanos amigos entre ellos el Conde Héctor Tregoni, Maximino Camporredondo, el militar Carmona, José Maria Herrera Soto, Juan "el árabe", Ramón Acevedo, Enrique Zepeda entre otros los cuales desde que empezó a construir el avión le ayudaron de la manera que pudieron pero todos poniendo su empeño y dedicación en la construcción pero que ahora ponían todos sus latidos del corazón en el motor del pinocho que llevaría a su amigo a consumar sus sueños, deseando llegará con bien a la pista de Balbuena.

Miguel y el pinocho junto a el sus amigos más cercanos.
Foto: Moisés Guzmán.

José Zepeda se acerco a Miguel antes de que abordara el avión, y le dijo: todo Zitacuaro esta pendiente de tu vuelo, Miguel le contesto: espero no defraudarlos a lo que José dijo: y nosotros esperamos que no te pase nada.

El conde Tregoni de izquierda a derecha el segundo, fue quien dono para la hélice del pinocho. Foto: Crispín Duarte, Santiago Jiménez.

En este gesto de sus amigos nos muestra lo que hemos perdido con el tiempo, el trabajo en equipo, compañerismo que aunque solo Miguel subió al avión en sus alas iba la ilusión colectiva de todos ellos, nos muestran como la gente antes era solidaria y ahora solo prevalece el individualismo, estamos llenos de "cangrejos en cubeta" que al ver que uno va saliendo a flote los demás lo jalan para que vuelva a caer.

Miguel y su pinocho juntos previo a emprender su vuelo.
Foto: Estrella Carrillo.

Antes de abordar el avión Miguel poso para las cámaras al lado de su pinocho, tomando el centro y los extremos de la hélice como signo de seguridad hacia su avión, como el jinete a la bestia, el amo a su corcel, que al convertirse en uno mismo no existe horizonte difícil de vencer.

Miguel tomando la hélice de su avión. Minutos antes de despegar. 14 de Mayo de 1936. Foto: Moisés Guzmán.

Eran las 7 de la mañana cuando Miguel Carrillo Ayala "Pinocho" abordo la cabina trasera del pinocho, calentó motor, lleno de seguridad y voluntad expreso a sus amigos "Que el ave cante aunque la rama cruja... como sabe lo que son sus alas" y en seguida enfilo su avión en la pista, el pinocho poco a poco se fue elevando llevando en sus alas la ilusión, el sueño, y la voluntad de volar de su constructor pero también la esperanza de que el gobierno del presidente tome más en cuenta lo que acontece en la provincia, junto a un profundo silencio el pequeño armatoste se fue perdiendo por el rumbo de "loma larga" dirigiéndose a Maravatio donde se fue guiando por el tendido de la vía férrea, con destino a la Ciudad de México, todos pensaban y se cuestionaban ¿llegara?...

Despega el pinocho hacia a México. Foto: Moisés Guzmán.

Pero a las 9 de la mañana Miguel tuvo que aterrizar en Villa del Carbón, Estado de México a causa de las nubes y por falta de brújula, dejo pasar el banco de niebla y después de 25 minutos reanudó su vuelo, pensando en voz alta, ahora que se esfumo la niebla no me detendré hasta llegar a México.

A las diez de la mañana en el Puerto Central Aéreo las personas que ahí se encontraban tanto militares, civiles, comisiones de michoacanos, entendidos de la aviación y fotógrafos de los diferentes diarios de la época; lo esperaban mostrando una gran curiosidad, alejadas de la multitud la Sra. Damaris comentaba preocupada a su tía Soledad ¿Qué le pasaría? Quedo de llegar a las nueve y ya son las diez, la tía contesto angustiada tocándose la frente ¡no lo se hija no lo se! De repente apareció el pinocho y como ellas conocían hasta el zumbido del motor la Sra. Damaris grito ¡mírelo ya viene! en la multitud todos vieron una cosita negra y ruidosa que venia volando, se comentaba "parece el avión", pero esta muy chiquito…, ¿pues que andará haciendo este? El pinocho se alejo hacia el norte, dio varias vueltas y toco tierra después de haber recorrido 200 kilómetros, entre la gran multitud se encontraba el Ingeniero José Villela Gómez, maestro y narrador incansable de la aviación en México quien junto con autoridades aéreas calificaron de perfecto el aterrizaje. El avión se detuvo los fotógrafos se disputaban por ser los primeros en retratar a Miguel y su pinocho. Las comisiones de michoacanos gritaban ¡ese es mi paisano! ¡viva! ¡viva!.

Fue un momento de gran algarabía y emoción como pocos en la historia de la aviación, solo comparable al día que voló por primera vez en 1910, Alberto Braniff en los mismos llanos de Balbuena de su propiedad, en un avión que trajo desde Paris, pero esta ocasión era muy diferente la situación ya que el avión no había sido comprado en otro país, el mismo con sus manos lo había hecho, la pista no era de Miguel, el decidió llegar a ella, sin el permiso de la autoridades militares aun con las consecuencias que eso le traería, por eso es algo muy justo reconocer su hazaña y ponerlo en el lugar que se merece.

Miguel Carrillo consuma su hazaña, aterrizando en Balbuena ante el asombro de una gran multitud. Foto: Revista Escala aeromexico.

Miguel poso para las cámaras antes de bajar de la cabina colocando su pierna izquierda sobre el borde de la cabina con la cara llena de satisfacción, una sonrisa de sol y un brillo en sus ojos que solo es digno de ver en los grandes héroes, las preguntas no se hicieron esperar: y contesto enfatizando las ies y las ues como lo hacemos los michoacanos, que venia de Zitacuaro, que había nacido en Agostitlan, que el había armado el avión y que nunca antes había volado una distancia larga. ¿y como le hiciste para llegar a México? pues me vine siguiendo las vías del ferrocarril. Toda la gente se congrego en torno a el para felicitarlo.

Miguel posando para los reporteros, victorioso sobre la cabina de su avión, era notoria su satisfacción. Aeropuerto de Balbuena Ciudad de México 14 de Mayo de 1936. Foto: Revista Escala Aeromexico.

Alejadas de la multitud se encontraban su esposa la Sra. Damaris Maya de Carrillo y su tía Soledad Carrillo dando gracias a Dios por que había llegado con bien mientras por sus mejillas corrían libremente lagrimas de alegría allá fue a abrazarlas doña Damaris le dijo: yo sabia que lo lograrías te felicito, al momento llego un reportero del Excelsior al cual dijo: "He realizado la ambición de mi vida al demostrar la utilidad de mi avión, que construí a fuerza de sacrificios y privaciones. Ahora solo me hace falta obtener la ayuda necesaria para hacer estudios serios en mecánica y aeronáutica a fin de aportar mis conocimientos al servicio de mi patria".

Después fue llevado con el oficial de Cuartel para ser interrogado sobre los motivos del vuelo, propietarios del avión y origen del mismo. Mientras tanto su avión como todo héroe victorioso lo esperaba imponente en la pista de aterrizaje del Aeropuerto militar de Balbuena.

El pinocho en Balbuena previo a ser llevado a un hangar
Balbuena mayo 1936.

En la multitud se encontraba el Sr. Enrique Arce quien ayudo a Miguel a traducir los planos del avión, al pasar Miguel lo saludo con su mano diciendo Enrique ¿como haz estado? el le pregunto que cuando le daría una volada en su avión el sobre la marcha le contesto mañana, pero no se esperaban que los militares al llevar el avión hacia uno de los angares lo levantaron por la cola y en un momento el avión por el peso del motor se fue hacia adelante y se lastimo de la nariz. Haciendo un análisis de esto amable lector es importante detallar las condiciones de la nariz del avión previo a salir a la Ciudad de México no tenia un parche que se ve en el lado derecho de la nariz, después en las fotos que veras del museo militar de San Lázaro es notable el parche adherido y con mucha atención al observar la foto de su ubicación actual se nota como una funda completa incrustada en la nariz del avión. Con esto se comprueba lo mencionado por el Sr. Enrique Arce el daño que sufrió el avioncito, y como dijo el dicho aquí se aplico: "Espuelas propias, caballo ajeno". Esto quizás fue debido a la poca aceptación de los militares hacia la hazaña realizada por Miguel.

La Sra. Soledad aprovecho para mandar un telegrama a Zitacuaro para enterar a sus paisanos de que Miguel lo había logrado. La gente acudió en masa al edificio del ayuntamiento, ahí el presidente Municipal Sacramento Aritzmendi leyó a todos el telegrama que acababa de llegar dijo:¡ Señores escuchen el telegrama que acabo de recibir de la capital! Triunfo completo ¡la capital aclama a nuestro pinocho! Gritos jubilosos contestaban la buena nueva con roncas y vivas para Miguel Carrillo.

Más tarde le fue pedido prestado el avioncito para exhibirlo en el hangar numero 2 del aeropuerto central aéreo.

Horas más tarde fue felicitado por la Secretaria de Comunicaciones y Obras públicas que 2 años antes le había expedido la licencia de prácticas de vuelo No 14 en marzo de 1934. La Secretaria expidió un boletín donde textualmente lo felicitaba:

"La mañana de hoy aterrizo en la ciudad, a las 9:15 hrs., en el Aeropuerto Central, el piloto Miguel Carrillo procedente de Zitacuaro Michoacán. La avioneta que tripula fue construida por el mismo piloto siguiendo el diseño del Pientempol Air Camper utilizando un motor Ford modelo A convertido por él".

Miguel Carrillo y su mirada de gran satisfacción después de su hazaña.
Foto: Moisés Guzmán.

"La Secretaria de comunicaciones y obras publicas felicita al Sr. Carrillo por sus éxitos obtenidos en sus vuelos, e invita al publico a ver la avioneta que se encuentra en uno de los hangares del Aeropuerto Central"

El departamento de Aeronáutica Civil dependiente de dicha Secretaria, reconoció el merito de la proeza de

Miguel Carrillo y su "Pinocho" quien sin ser piloto profesional, se atrevió a volar de Zitacuaro a México en una avioneta ideada y construida por el mismo; les cautivo tanto la hazaña que decidieron solicitar a las autoridades correspondientes de quienes dependían, se le otorgara a Carrillo la Medalla de oro "Emilio Carranza" la cual fue creada para premiar de alguna manera a todas aquellas personas que se habían distinguido en el campo de la aviación nacional y que daban honra y prez a la propia Fuerza Aérea Mexicana.

Con la mayor humildad del mundo el joven Carrillo solo pidió una oportunidad de ingresar a la Escuela de Aviación. Por que piloto ya era. Foto: Revista Palomilla.

Es importante mencionar que la medalla no le fue otorgada esa fecha, sino que le fue conferida dicha presea cuando realizo ya como piloto de la fuerza Aérea,

el vuelo del día 11 de Julio de 1943 con el que cumpliría 10, 000 hrs. de vuelo efectivo.

La Sra. Damaris y la tía Soledad estaban hospedadas en el hotel Morelos del Centro de la Capital, en una habitación modesta. Allá se dirigieron en un fortingo de la misma marca del motor de su avión de "a tostón la dejada" después de que Miguel se desocupo de los reporteros que lo abordaron a su llegada, ahí celebraron de la manera más humilde la victoria consumada por el glorioso aguilucho mexicano.

El Club Rotario de la Ciudad de México le hizo un homenaje para reconocerle la gran hazaña que realizó y que marcaba una de las páginas más importantes de la historia de la Aviación Mexicana.

El gobierno de Michoacán le ofreció su apoyo para que continuara con sus estudios de Aviación y el propio presidente Lázaro Cárdenas, lo llevo a Palacio Nacional al día siguiente de su vuelo, ese día Miguel se encontraba más que nervioso en la antesala de Palacio Nacional esperando la Audiencia presidencial, pensando la forma en que pediría la ayuda al presidente Paisano suyo Lázaro Cárdenas, es ese momento la voz del secretario lo saco de sus cavilaciones, diciéndole el presidente lo espera Sr. Carrillo, al entrar al despacho el Presidente le dijo:

¡Adelante paisano! Emocionado Miguel estrecho la mano del gran estadista y dijo: Buenos días Sr. Presidente. Cárdenas contesto Me entere de su hazaña y de sus esfuerzos reciba por todo ello mis felicitaciones. Gracias Sr., contesto Miguel. El presidente dijo enseguida: Me entere que quiere estudiar para aviador, Miguel le contesto: No tengo otra ilusión, pero no lleno los requisitos, pues solo estudie hasta el tercer año de primaria, a lo que el presidente afirmo de forma positiva diciendo: veré la forma de ayudarlo, hablare con el director de la escuela militar de aviación, Miguel contesto: Se lo agradezco de todo Corazón se fue pensando en voz alta: al fin veré realizado mi sueño, seré un piloto aviador de carrera, porque piloto ya se había hecho.

Por todo esto Miguel mostró un gran agradecimiento hacia el Sr. Presidente Lázaro Cárdenas, así como a todos sus amigos en general, pueblo de Zitacuaro y en especial a los hermanos Zepeda y al Sr. Héctor Tregoni por su apoyo incondicional.

Miguel escribió una de las hazañas más notables y sobresalientes de la época romántica de la aviación en México, en la que en su pinocho voló al lado de la esperanza y materializo sus ilusiones rumbo al infinito. Época llena de ejemplos claros de arrojo, valor, de

hombres intrépidos que escribieron con el esfuerzo de su emoción la epopeya de nuestra aeronáutica. El vuelo de las horas aladas de nuestros cielos. Hombres que le dieron espacio a la imaginación. Y una nave al espíritu para sondear los misterios intangibles del espacio y de la visa y que tejieron con los pinceles de sus hazañas en sus frágiles aparatos, el arcoiris multicolor del sarape mexicano. Y si reflexionamos entenderemos que el desarrollo de la aviación ha permitido grandes adelantos en diversas disciplinas, la aplicación que hasta la fecha tienen en la vida cotidiana las técnicas que han originado este desarrollo, permiten un mayor bienestar en la vida cotidiana del hombre.

Otra gran muestra que nos da el Pinocho es el valor de la humildad, ya que a pesar de que le fue negado años antes el acceso a la Escuela Militar de Aviación y que después aterrizo en el aeropuerto militar demostrando ya con su hazaña ser piloto por meritos propios, lejos de perder el suelo y que aunque literalmente se elevo sobre el, con la mayor humildad solo pidió ser aceptado para aprender ya que su sed de conocimientos fue más grande que el orgullo que muchas veces se practica en todos los ámbitos y que no nos lleva a nada. Valga este ejemplo pues.

IX

De Subteniente a Mayor:
Pinocho y su andar por la Milicia

1
"Oyente" de pocas letras pero con mucha iniciativa propia.

Después de haber realizado su hazaña mucha gente pensó que para Miguel su andar por la milicia todo seria miel sobre hojuelas, pero no fue así ya que revisando todo su expediente militar es notable lo contrario, siempre buscaron la manera de hacerlo desistir.

En el hotel Morelos se siguieron hospedando Miguel y su Esposa hasta que el Presidente Cárdenas ordeno el 16 de Mayo solo dos días después de su llegada a la Ciudad de México su ingreso a la escuela militar de aviación, según oficio numero 18434 de fecha 20 de Mayo de 1936 girado por el departamento de Caballería. Ordenándose el alta como Subteniente Auxiliar de Caballería.

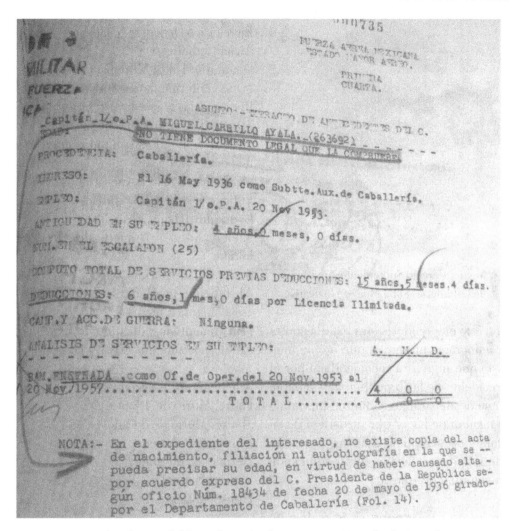

Por orden directa del Presidente Cárdenas ingresa Miguel a la Escuela
Militar de Aviación. Foto: Archivo Militar SEDENA.

Tiempo después Miguel Carrillo y su esposa la Sra. Damaris Maya vivieron en un modesto departamento ubicado en la Calle Francisco Espejel #5 de la Colonia Moctezuma, hasta que Miguel termino la carrera y que fue enviado a la Paz.

Miguel Carrillo Subteniente Auxiliar de Caballería. Foto: Moisés Guzmán.

Con esto emprendería otra batalla contra la burocracia militar ya que no fue bien visto que ingresara recomendado por el Presidente de la Republica y es notable como desde su ingreso fueron buscando la manera de hacer que desistiera de su planes de ser piloto aviador, pero aun contra todo eso seguía en pie aplicando su voluntad de volar.

En los días posteriores se le realizo un Reconocimiento Medico, de rutina en el cual Miguel Contesto por escrito lo siguiente:
Declaración del Solicitante:

Edad: 26 años
Estado: Casado
Instrucción: tres años de primaria

Ejercicios o Deportes: Natación y ciclismo
Arma: Caballería
Domicilio: Hotel Morelos
¿Qué enfermedades ha padecido? : Blenorragia.
¿Qué bebe habitualmente? : Agua
¿Cuáles han sido sus hábitos anteriores respecto del uso de las bebidas alcohólicas? : No las acostumbro.
Fuma: Si Clase de Tabaco: Del país Cantidad: 10 cigarros.
Sueño: Normal Numero de Horas: 8 horas
Sensualidad: Normal.
Abstención: no Media: si Excesiva: no
Toxicomanías: no
¿Ha aumentado o disminuido su peso en los últimos seis meses?: No contesto.

Antecedentes familiares
Padre: Murió de 48 años
Madre: Murió de 34 años
Hermanos: no tiene
Hermanas: no tiene
Esposa. Sana
Hijos. No tiene.

Declaración del Médico

¿Tiene el solicitante aspecto de buena salud? : si
¿Tiene alguna facies especial? : No
¿Tiene el solicitante algunos caracteres que denuncian hábitos alcohólicos o del uso de drogas heroicas? : No

Examen General
Examinar los estigmas anatómicos de degeneración, en las diferentes partes del cuerpo, y valorizar las relaciones de tamaño y volumen de la cabeza, el cuello, el Tórax, el abdomen, los miembros inferiores y los miembros superiores.

Señas particulares por las cuales puede identificarse:

Representa la edad de : 26 años
Fue declarado: si
Ha sido Vacunado: si
Ha sido revacunado: si
Estatura: 1.64
Éxito: si
Peso: 45 kilos

Después de este reconocimiento el 1º de Junio de 1936 Miguel fue enviado al Hospital General Militar para que en la Sala de Ojos le fuera practicado examen lo envió el Mayor Medico Cirujano Gilberto F. Lozano Jefe de la Sección Sanitaria. Y Le dieron cita para el día 12 de Junio.

Miguel entonces fue enviado el día 9 de Junio de 1936 por el Dr. J. Adalid y Castillo a los laboratorios de Análisis Químicos del Hospital General Militar. Ahí se le realizó un estudio de orina. Reportando lo siguiente:
Orina analizada

Recibieron como muestra 520 ml, de color 3 vogel, olor sui géneris, aspecto turbio, consistencia fluida sedimento escaso, ph acida densidad 1024.
Elementos normales
Acido Úrico: 0.28 gramos por litro
NACL : 5 gramos por litro
Elementos anormales Todas las pruebas negativas.

Examen Microscópico del sedimento:
Cristales de oxalato de calcio, numerosos piocitos, celdillas epiteliales tipo plano y cristales de acido úrico.

Para el día 11 de Junio de 1936 paso a Laboratorio de aerología de este mismo hospital y le fue practicada la Reacción de Wassermann la cual dio un resultado Negativo.

Llego el día 12 de Junio y le fue regresado el oficio al Mayor medico Cirujano Jefe de la Sección Sanitaria y en el cual el Director del Hospital General Militar anotó "El oficial citado fue examinado por el suscrito el día de la fecha resuelto no apto por deficiencia visual".

Como puede verse esto no era más que una artimaña para evitar el ingreso del Joven Miguel por el hecho de ser recomendado del Presidente General Lázaro Cárdenas del Río.

El 17 de Junio el Tte. Coronel P.A. Fernando. Proal Pardo envió oficio dirigido al Departamento de Aeronáutica, informando que el Subteniente de Caballería Miguel Carrillo Ayala, no esta APTO para la carrera de Piloto Aviador en virtud de presentar Deficiencia Visual según dictamen del especialista.

Teniente Coronel Piloto Aviador
Fernando Proal Pardo, Director de
la Escuela Militar de Aviación 1936.
Foto: SEDENA.

Para Miguel este seria el primer revés que recibiría en su inquietud por cursar la carrera de piloto, porque piloto ya había demostrado ser y con esto parecía que se derrumbaba la ilusión que toda su vida había alimentado dentro de su alma, desde que era pequeño.

Pero aun con esto el día 24 de Junio solo una semana después y por orden del Mayor P.A. Eliseo Martín del Campo Director de Estudios se envió un memorandum a los Profesores del 1er y 2° años en el cual pedía se agregara al grupo de alumnos de primer año al C. Subteniente de Caballería Miguel Carrillo a partir de esta fecha y con el carácter de Oyente, por no haberse presentado desde la iniciación de los cursos.

Miguel Carrillo Ingresado como oyente a la Escuela Militar de Aviación.
Foto: Archivo SEDENA.

Así pues el ingreso de Miguel a la Escuela no fue muy grato ya que ingreso solo como oyente mientras se resolvía su situación. Pero a Miguel no le importaba eso el quería hacer lo suyo y fue paciente por que aunque le suspendieron las practicas de vuelo el 28 de Junio de 1936 visito Zitacuaro acompañado de un piloto en un avión de la Fuerza Aérea Mexicana, esto consta en la foto tomada ese día en ella consta la gran cantidad de gente que lo fue a saludar y a felicitarlo por su vuelo y su ingreso a la Escuela Militar de Aviación.

Así transcurrió sus primeros días de alumno como el arrimao que al tercer día apesta como dijo el dicho, más el nunca desistió y por fin el día 30 de Septiembre y que día tan importante para el como Michoacano el natalicio de Morelos, ese día El Teniente Coronel Fernando Proal Pardo envió un nuevo oficio al director de estudios de ese plantel, en el cual mencionaba que el día 17 del actual(Septiembre) el servicio Medico del Departamento de Aeronáutica decía que habiendo practicado reconocimiento físico-neuro-psíquico a Miguel Carrillo encontró que tenia un trastorno en su agudeza visual que por ser curable no constituía un impedimento para que siguiera su entrenamiento de vuelos. Esto era la primera prueba de todo lo que vendría en adelante para evitar a toda costa que el recomendado del presidente terminara la carrera. Con esta noticia Miguel por fin seria aceptado y Matriculado con el numero 263692 y ahí empezaría su andar por la milicia.

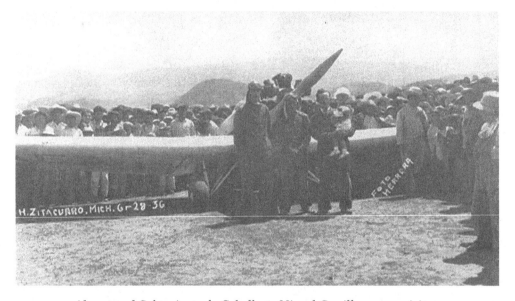

Al centro el Subteniente de Caballería Miguel Carrillo en una visita a Zitacuaro el 28 de Junio de 1936. Foto: Moisés Guzmán.

En el 23 de Octubre de 1936 a Miguel se le levanto acta de policía Judicial por el delito de desobediencia esto por el Subteniente de Enlace y Transmisiones Alfonso Morales Zepeda. Y fue recibida por el General de Brigada agente del ministerio público militar, el día 27 de Octubre de 1936. Y de ahí fue girada al C. procurador militar para investigación. Miguel Carrillo ante lo acontecido explico que los motivos por los cuales tuvo que aterrizar en Zitacuaro, no le fue aceptada la explicación motivo por cual envió un telegrama en tres partes a la presidencia de la Republica dirigido al Sr. Presidente.

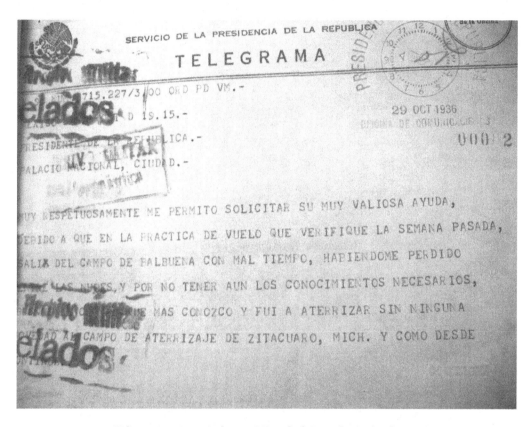

Telegrama #1 enviado por Miguel al Presidente Cárdenas.
Archivo SEDENA

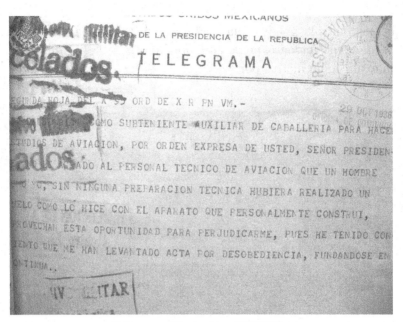

Telegrama #2. Archivo SEDENA.

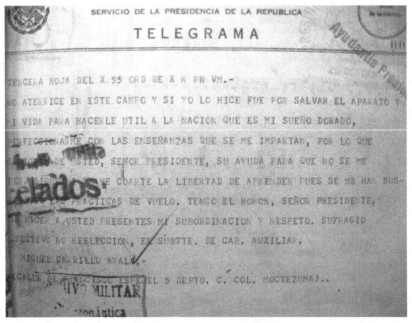

Telegrama #3. Archivo SEDENA

"Muy afectuosamente permito solicitar su ayuda, debido a que en la practica de vuelo que verifique la semana pasada, salí del campo de Balbuena con mal tiempo habiéndome perdido entre las nubes, y por no tener los conocimientos necesarios, busque el camino que más conozco y fui a aterrizar sin ninguna novedad al campo de aterrizaje de Zitacuaro, Mich. y como desde que cause alta como subteniente auxiliar de caballería para hacer estudios de aviación, por orden expresa de usted, Sr. presidente, no le agrado al personal técnico de aviación, que un hombre como yo, sin ninguna preparación técnica, hubiera realizado un vuelo como lo hice con el aparato que personalmente construí, aprovechan esta oportunidad para perjudicarme, pues he tenido conocimiento que me han levantado acta por desobediencia fundándose en no aterrice en este campo y si lo hice fue para salvar el aparato y mi vida para hacerle útil a la nación que es mi sueño dorado, perfeccionarme con las enseñanzas que se me impartan, por lo que solicito de usted señor presidente, su ayuda para que no se me perjudique ni se me coarte la libertad de aprender, pues se me han suspendido las practicas de vuelo. Tengo el honor, señor presidente, de hacer a usted presentes mi subordinación y respeto. Sufragio efectivo no reelección, el subtte. de cab. Auxiliar.

Miguel Carrillo Ayala
(Calle de Francisco Espejel 5 Depto. C. Col. Moctezuma).
Esto seria otro de los reveses a que seria sujeto el joven estudiante, pero ahí seguía en pie de lucha defendiendo su derecho de aprender y prepararse y en la vida cotidiana vemos con frecuencia esto en las escuelas, en los trabajos y actividades que realizamos y debe servirnos como ejemplo todo esto que paso por su etapa militar el Capitán Carrillo como una muestra de fortaleza ante todo.

Aun y con todo esto el Presidente Cárdenas volvió a darle su apoyo y siguió sus cursos con normalidad, durante esos primeros meses de escuela los profesores notaron la poca preparación de Miguel debido al antecedente de haber cursado solo hasta el tercer grado de primaria y así lo plasmo el profesor de Apellido Castillo mencionando "Su trabajo ya es más limpio que el anterior aparte de que tiene muchas faltas de ortografía y que le suplico busque la manera de corregirlas. Por lo que respecta a su idea táctica no la sabe desarrollar, trate de poner en su próximo trabajo una mayor dedicación pues cuesta mucho trabajo entenderlo" Para Enero de 1937 se referían a el "Oficial serio, no tiene preparación militar, es dedicado y asimila fácilmente. Le hace falta mucho estudio".

Es importante mencionar que esto debe servirnos de ejemplo, para saber reconocer nuestras limitaciones y deficiencias, pero lo más importante es aceptarlas para así poder hacer lo necesario y superarlas.

El joven Miguel Carrillo cadete de la escuela Militar de Aviación de 1936-1938. Foto: Estrella Carrillo.

Era de esperarse que el alumno tenia deficiencias en Ortografía pero en lo que se refería a la practica sus calificaciones eran muy buenas y con su gran voluntad gano poco a poco ser reconocido por sus maestros, así lo muestran las bitácoras de practicas de vuelo: el 22 de febrero de 1937 el Instructor Capitán Piloto Aviador José Vergara A. en el avión 9 "Es este un oficial de mucha iniciativa propia, hoy me fui con él al aire para observarlo" mencionando "se le nota precisión en su trabajo".

En este sentido el cadete pinocho nos muestra una cosa más que hemos perdido en nuestro país, la iniciativa propia y que se refleja en la falta de progreso personal, con el consiguiente deterioro de la sociedad y el entorno en que vivimos.

El 25 de Febrero de 1937 piloteando el avión número 10, realizando la maniobra número 9 de Nivelada durando 40 minutos recibiendo una calificación de 9, y en observaciones el mismo instructor puso: "Salida y aterrizaje. Progresa en todas sus maniobras" Para el 1 de Junio de ese mismo año el mismo instructor José Vergara A. Califico a Miguel con 9 por realizar la Maniobra numero 35 (Aterrizaje) y en sus observaciones refería "sigue trabajando bien".

En la nota de aprovechamiento del Curso de Vuelo el instructor dio una opinión el día 28 de Febrero de 1937 refiriéndose a Miguel "Demuestra ser un oficial respetuoso y subordinado, serio y estricto en su trato; se le nota un verdadero entusiasmo por aprender teniendo un grande amor por su carrera. Conducta: Muy buena, Aplicación: muy buena y le dio una calificación de 9.5. Este maestro noto en las practicas de Miguel la Voluntad de Volar aun con sus carencias en la educación básica y lo dejaba claro en todas las opiniones que tenia de el.

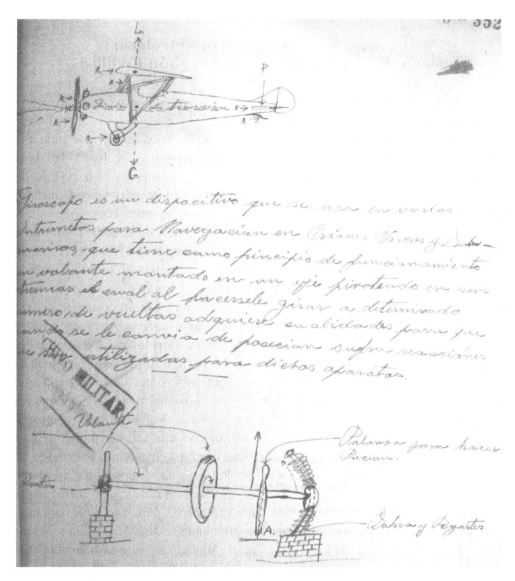

Croquis de puño y letra donde Miguel explico como hizo su "Pinocho"
Foto: Archivo SEDENA.

2
Graduación, Expropiación Petrolera; Teniente Piloto nuevecito a la Rebelión Cedillista.

Así fue como el Subteniente Auxiliar Miguel Carrillo Ayala, aquel niño nativo de Agostitlan, Michoacán, de extracción humilde, pero de convicciones firmes y una plena voluntad de salir adelante y lograr sus objetivos, el día 10 de Marzo de 1938 presentaría la tesis con la cual recibiría el titulo de Teniente Piloto Aviador y en la cual tocaría el tema: "La Aviación Militar en México. Entrenamiento del personal, Producción y conservación del material".

En su tesis Miguel quiso poner de manifiesto su sensibilidad del estado de la aviación militar en México y la cual podía mejorar explotando la capacidad adquisitiva y productiva del material aéreo. Ponía como ejemplo la primera Guerra Mundial de la cual el ejemplo más claro mencionado por él era la Fotografía aérea la cual aportaba datos precisos sobre las posiciones del enemigo; obstáculos del terreno; lugares de posible acceso de las tropas de tierra en el avance misión que los observadores terrestres no ejecutaban con precisión; así también sé refería que desde la iniciación de la fuerza aérea en México hasta la fecha solo se considera una etapa de florecimiento en el que hubo un verdadero apoyo por parte del gobierno así como impulso directo y decidido de los jefes de aeronáutica. Esa etapa fue poco duradera debido a la falta de confianza en la efectividad de la misma, debiéndose más bien a la falta de preparación de los altos jefes de nuestro ejercito que pretendieron seguir una rutina en el arte de la guerra, sin tomar en consideración las grandes ventajas que se obtenían con la participación de la aviación militar. Y ha groso modo su tesis tenia un claro propósito de que se fabricaran aviones aquí en nuestro país para no depender directamente del extranjero. Y terminaba su tesis con la siguiente reflexión "Lo ideal seria que México estimulara a sus elementos con escuelas de formación y asimismo contara con una fabrica para producir material aéreo en general, para asegurar por lo menos las necesidades interiores de nuestra tantas veces mencionada Fuerza aérea, para no estar sujeta a restricciones extranjeras. Como vemos aquí Miguel se refería directamente a los Tratados de Bucareli. Que tanto afectaron el desarrollo de la Aviación Mexicana. Al terminar su carrera Miguel fue encuadrado en el 1er regimiento aéreo con el grado de Teniente piloto Aviador.

Teniente Piloto Aviador Miguel
Carrillo. 1er Regimiento Aéreo. Foto:
Estrella Carrillo.

Ya habiendo logrado terminar la carrera de Piloto Aviador Miguel Carrillo Ayala había cumplido uno más de sus sueños prepararse y recibir el titulo de Teniente Piloto Aviador y por fin recibir un documento que lo avalaba como tal, pero piloto ya era o más bien se hizo contra todas las adversidades que se le pusieron enfrente, pero sobre todo aplicando su voluntad de volar.

La ocasión no era para dejarse pasar por alto y en estas fechas fue a celebrarlo con su copiloto de toda su vida la Sra. Damaris Maya de Carrillo, visitando uno de los lugares más emblemáticos de nuestra historia y nuestro país el Castillo de Chapultepec, ahí se tomaron la foto del recuerdo.

Por fin Piloto Aviador con todas las
letras Miguel Carrillo.
Foto: Estrella Carrillo.

La feliz pareja Miguel Carrillo y Damaris Maya, en el Castillo de Chapultepec.
Foto: Estrella Carrillo.

Como anécdota su hija Estrella en relación con el dictamen que dieron a su ingreso a la Escuela de Aviación de que tenia Deficiencia Visual menciono que le contó que ya como piloto militar un día en Balbuena paso volando con un avión entre los angares, y demostró que tenia mejor vista que cualquiera, también que una ocasión le dijeron que no podía volar un Jet el agarro se subió y lo voló sin tener entrenamiento para este tipo de avión.

El 18 de Marzo de 1938 se decretaría la Expropiación Petrolera por el Presidente Lázaro Cárdenas del Río.

Gral. Saturnino Cedillo leyendo la noticia en la cual Cárdenas mencionaba que se pagaría con petróleo la deuda con las empresas de EUA. Foto: AGN.

Debido a este hecho se levanto en Armas en contra del Gobierno el General Saturnino Cedillo ya para esa fecha ex secretario de Agricultura, y así el 15 de Mayo de 1938, la legislatura de San Luís Potosí dio a la publicidad un decreto desconociendo al General Lázaro Cárdenas como presidente de la republica, en el mismo se destacaba que la expropiación petrolera no favorecía a la economía del país. Con esto el Gral. Cedillo declaraba la guerra a su homologo el General Cárdenas.

Saturnino Cedillo. La ultima
Rebelión de México.
Foto: AGN

El General Cedillo se había convertido en un cacique en su tierra natal San Luís Potosí, donde llego a poner y quitar gobernadores, además de haber conformado un Ejercito privado de militares locales fieles, dispuestos a dar la vida por él; lo que le dio la sensación de tener un equilibrio de fuerzas capaz de competir con el naciente y según él todavía no muy profesionalizado Ejercito Mexicano, que sin embargo ya contaba para entonces con una flota de aviones de guerra mismos que fueron usados por primera vez para combatir el alzamiento interno en el país, nos referimos a los aviones biplano corsario V-99M tenían cabina cerrada, podían portar bombas y contaban con una ametralladora 0.30 al morro y otra flexible en la cabina trasera, también se utilizaron los Fleet 21 M. Con los dos tipos de aviones se organizo un escuadrón de combate mixto.

Aviones Corsario V-99M utilizados en la ofensiva contra los Cedillistas.Foto:
Archivo Histórico de Estrategia Aeronáutica

El General Lázaro Cárdenas personalmente superviso la ofensiva en San Luís Potosí. Pues no permitiría que la rebelión cedillista pasara de ser un problema local y así controlaría el levantamiento en sus inicios.

El presidente Cárdenas en San Luís Potosí superviso personalmente la
ofensiva contra Cedillo 1938. Foto AGN.

Pronto en Balbuena se dieron indicaciones para la táctica aérea encaminada a terminar con el levantamiento Cedillista, se reunieron todo los pilotos en los llanos de Balbuena y atento escuchaban a sus superiores.

Los pilotos recibiendo el comunicado que habían de lanzar
en San Luís Potosí.
Foto: Archivo Histórico de Estrategia Aeronáutica

Después se les repartieron los comunicados dirigidos a la población civil de San Luís Potosí en el cual se les daba la aviso de la ofensiva que estaba a punto de suscitarse en se lugar para que se resguardaran y evitaran ser dañados.

Fue lanzado desde los aviones un comunicado a la población civil avisando de la ofensiva contra el Gral. Cedillo para que se resguardaran. Foto: AGN.

La gente al ver caer de los aviones los papeles fueron recogiéndolos y enterándose de que se trataba, pronto empezaron a quedarse completamente solas las calles de San Luís Potosí ante el riesgo de que había por la ofensiva que estaba en puerta.

107

Miguel Carrillo junto a un Corsario después de regresar de San Luís Potosí. Foto:
Archivo Histórico de Estrategia Aeronáutica

Los pilotos volaron varias misiones, bombardearon y ametrallaron a los rebeldes con eficacia. Cedillo se dio cuenta que no podía enfrentarse a la capacidad de la Fuerza Aérea Mexicana en campo abierto por lo que se refugio en las colinas de la región Huasteca donde eventualmente se dispersaron sus hombres abandonándolo. Cedillo fue muerto por las fuerzas federales en 1939.

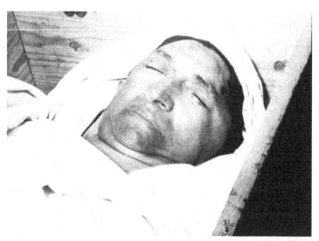

El Gral. Cedillo fue abatido en la sierra potosina en 1939. Foto: AGN

Este levantamiento armado seria muy importante para el Teniente Piloto Aviador Miguel Carrillo Ayala, ya que fue enviado en el primer regimiento aéreo el 19 de Mayo a San Luís Potosí a cooperar en la sofocación de la Rebelión Cedillista, incorporándose a su matriz con fecha 5 de Junio de 1938 y con ello se le concedería su ascenso al grado de Capitán 2° piloto Aviador el día 16 de Enero de 1939 y si analizamos su historial en poco tiempo ascendió de mayo 1936 Subteniente Auxiliar de Caballería, Marzo 1938 Teniente Piloto Aviador y Enero de 1939 a Capitán Segundo.

Hoja de ascenso del Teniente Miguel Carrillo al grado de Capitán 2°.
Foto: Archivo SEDENA.

En Enero de 1939 se realizo una ceremonia en el aeropuerto central aéreo de la Fuerza Aérea Mexicana, en esta ocasión el Presidente Lázaro Cárdenas decidió que ameritaba una ceremonia a la altura de los sucesos que habían ocurrido en los días anteriores como lo fue la ofensiva y muerte del General Saturnino Cedillo quien se levantara en armas contra su gobierno, por lo cual reunió a los militares de más alto rango en los llanos del aeropuerto todos con sus uniformes de gala entre ellos el Coronel Roberto Fierro Villalobos, el General Secretario de la Defensa Nacional Gral. Manuel Ávila Camacho, el Gral. Francisco L. Urquizo, entre otros y es muy notable como Miguel un joven de 30 años cumplidos en poco tiempo de su ingreso a la Fuerza Aérea Mexicana ya figuraba dentro de esta elite militar con el rango de Capitán 2º Piloto aviador, gracias a su participación en la ofensiva contra los infidentes cedillistas. Así todos reunidos con el presidente Cárdenas al centro y como fondo dos de los aviones de la Fuerza Aérea Mexicana se tomo la foto del recuerdo siendo una de las fotos más significativas de nuestro "Pinocho".

Capitán 2º Miguel Carrillo el segundo de Derecha a Izquierda con uniforme de gala compartiendo toma con el Presidente Cárdenas al centro. Foto: Estrella Carrillo

El 20 de Febrero de 1939 le Otorgaron su tarjeta de identificación que lo avalaba como Capitán 2° Piloto aviador expedida por la dirección de aeronáutica de la Secretaria de la Defensa Nacional a cargo de Gral. de Brigada P.A. Samuel C. Rojas Rasgo.

Capitán 2° Piloto Aviador Miguel
Carrillo, con barba.
Foto: Estrella Carrillo.

3
Pinocho Instructor;
Segunda Guerra Mundial al Escuadrón 203 y 206.

Tarjeta de identificación del Cáp. 2° piloto Aviador Febrero de 1939.
Foto: Estrella Carrillo.

El 1º de Septiembre de 1939, el Ejercito de Alemania invadió Polonia, con lo que el mundo se vio nuevamente convulsionado por una conflagración bélica, la II guerra Mundial que habría de convertirse en la más grande de la historia.

Para Diciembre de 1939 el Capitán Carrillo, estuvo comisionado a la plaza de Monterrey designado jefe del campo de aviación, teniendo de ahí que desplazarse a las plazas de Nuevo Laredo y Tamaulipas. Despúes fue ingresado como instructor de prácticas de vuelo de la escuela militar de aviación. Había llegado el tiempo en que Miguel instruiría a los cadetes no solo con su experiencia en el ámbito militar sino también trasmitía a ellos su experiencia de vida que si analizamos era mayor por que desde pequeño había tenido que remar contra corriente pero había salido a flote por su gran voluntad y sueño de volar. Fueron muchos los grandes pilotos de la Fuerza Aérea Mexicana que tuvieron el gran honor de conocerle y recibir los conocimientos de parte de el, los cuales reconocieron su gran capacidad pero sobre todo como era un piloto muy joven había una gran hilaridad con el.

El Capitán Miguel Carrillo con su overol como instructor de practicas de vuelo en le Colegio Militar de Aéreo.1940. Foto: Estrella Carrillo.

Para el joven piloto Capitán 2º fue muy importante todo esto ya que el 11 de Julio de 1943 realizo un vuelo debido al cual le fue conferida la máxima condecoración para un piloto mexicano "La Presea Emilio Carranza" por haber cumplido 10,000 hrs. de vuelo efectivo teniendo en cuenta su primer vuelo realizado el 14 de Mayo de 1936, esto fue publicado por el Departamento de Aeronáutica Civil de México en los números de Noviembre de 1944 a Enero de 1945, por fin se le daría un reconocimiento oficial de su primer vuelo.

Presea Emilio Carranza conferida al
Capitán Miguel Carrillo por cumplir
10,000 hrs. de vuelo efectivo vuelo
Zitacuaro-Cd de México 1936-Vuelo
11 de Julio de 1943.
Foto: Aviación Civil.

Para 1941 se publico en el diario oficial el decreto de incautación de barcos pertenecientes a países beligerantes. Los barcos incautados, pasaron a petróleos mexicanos y tres buques alemanes de carga general y pasajeros, refugiados en Veracruz fueron entregados a la Compañía Mexicana de Navegación.

El 13 de Mayo de 1942 fue hundido el buque tanque "Potrero del Llano" por un submarino alemán frente a la costa de la Florida y el 20 del mismo mes es hundido el "Faja de Oro". México reclama estos hundimientos ante el gobierno alemán, no recibiendo ninguna respuesta; por lo cual el presidente de la republica el Gral. Manuel Ávila Camacho, con autorización del congreso, declara el 2 de Junio de 1942 el estado de Guerra entre México y las potencias del Eje (Alemania, Italia y Japón.)

Pronto se fue seleccionando entre pilotos y mecánicos de la Fuerza Aérea, del Estado Mayor, del Cuerpo Médico y de comunicaciones del Ejercito y del personal civil habilitado como armeros de materiales de guerra. Todo esto para la integración de la Fuerza Aérea Expedicionaria Mexicana (FAEM) la cual quedo al mando del Coronel Piloto Aviador Antonio Cárdenas Rodríguez y el Escuadrón 201 al mando del Capitán 1° Piloto Aviador Radames Gaxiola Andrade.

El 16 de Julio de 1944 se paso revista a los cerca de 300 hombres de la FAEM (Escuadrón 201) en el campo de Balbuena y el 24 de Julio de 1944 el personal fue trasladado a EUA para realizar adiestramiento avanzado en las bases aéreas de Randolph Field y Greenville en Texas y Pocatello Idaho.

Orden del Secretario de la Defensa Nacional para integrar el Escuadrón 203.
Foto: Archivo SEDENA.

Para ese entonces Miguel aun se encontraba como instructor de practicas de vuelo en la Escuela Militar de Aviación pero por orden directa del Secretario de la Defensa Nacional el General Luís Farrel Cubillas fue dado de Alta en el Escuadrón 203 en oficio dirigido al Capitán 1° Comandante de este Escuadrón de la Paz. por el Gral. Brigadier Subdirector Ramón Rodríguez Familiar de la Dirección General de Personal con fecha 16 de Octubre de 1944. y estaba destinado a realizar vuelos de patrullaje aéreo en las costas mexicanas protegiendo barcos nacionales y extranjeros contra ataques de las potencias del eje, y en virtud de la gran confianza que se tenia al Capitán Pinocho.

Escudo del escuadrón 203 a donde se integro el Capitán Carrillo a su llegada a Baja California Sur. Archivo SEDENA

Así como también en esas fechas su comisión era patrullar a bordo de un avión militar de Mérida a Cozumel, en La ruta de La Paz consistía en patrullar San Lucas, Loreto, La Paz, San Ignacio, Tortugas, Santa Rosalía, Paso de Cortes, Mazatlán, Guadalajara y Ciudad de México. Todo a favor de proteger la soberanía Nacional. Ahí permaneció realizando sus servicios.

El Capitán 2º Pinocho en un avión North American AT6 de la Fuerza Aérea Mexicana. Foto: Moisés Guzmán.

El 23 de Febrero de 1945, en la base norteamericana de Majors Field, Texas, la Fuerza aérea Expedicionaria Mexicana fue abanderada en ceremonia solemne por el Gral. Francisco L. Urquizo entonces subsecretario de la Defensa Nacional, la FAEM (Escuadrón 201) salio de San Francisco California a bordo del buque "Fairisle" el martes 27 de Marzo de 1945 con destino a Manila Filipinas; Desembarcando en Manila el 1º de Mayo de 1945 quedando establecida en el fuerte de Stotsenburg y en Porac, en el área de campo Clark, iniciando sus combates tácticos el 4 de Junio de 1945 hasta Agosto del mismo año realizando 96 misiones de combate apoyando a las fuerzas terrestres aliadas, destacan los bombardeos de Luzón y Formosa hoy Taiwán.

Alemania se rindió incondicionalmente en Mayo de 1945 a los países aliados. En el Pacifico, Japón resistió un poco mas, pero con el lanzamiento de las bombas atómicas a las ciudades de Hiroshima y Nagasaki el gobierno japonés se rinde el 15 de Agosto del mismo año poniendo fin a este conflicto bélico.

Después de combatir valerosamente la FAEM fue trasladada en reserva a Okinawa, entrando victoriosos a la capital de la Republica Mexicana el día 18 de Noviembre de 1945.

Durante el tiempo que el Capitán Miguel Carrillo Ayala Pinocho patrullo los litorales de la Republica Mexicana estuvo un tiempo razonable en Jalapa Veracruz y ahí volaba junto un piloto llamado Tomas Simpson.

Para el 19 de Diciembre de 1945 Miguel envió un oficio solicitando se le permitiera levantar acta testimonial relativa a su nacimiento en la Plaza de la Paz, pidiendo que intervinieran por parte de la SEDENA, en virtud de que no existía en archivos de registro civil, de su parroquia, ni en su pueblo documento que avalara su nacimiento.

Documento donde Miguel Carrillo menciona no haber encontrado su acta de nacimiento en Agostitlan, ni en Tuxpan. Foto: Archivo SEDENA.

Este oficio fue enviado a México debido a que Miguel regreso a su Pueblo fechas anteriores en la búsqueda del documento pero como Miguel creía que había nacido en 1909 busco en los libros y asentamientos de ese año sin tener éxito, esto se pudo concertar en la entrevista que dio al universal y en muchos otros documentos que se escribieron sobre el dónde Miguel menciono su edad erróneamente. Esto le fue autorizado el 26 de Diciembre de 1945 por el Gral. de Brigada PA Director Gustavo A. Salinas Camiña.

El Joven Miguel Carrillo Ayala de traje en Agostitlan.

Debido a esta búsqueda Miguel visito su pueblo Natal Agostitlan, Tuxpan y Zitacuaro. Para don Marcelino Suárez nativo de Agostitlan a pesar de sus más de 98 años es un hecho inolvidable la visita del Capitán Carrillo mencionando lo siguiente: Era un día como muchos en Agostitlan con la tranquilidad que tenia en ese entonces yo me encontraba cerca de la escuela que estaba en donde ahora es el centro de salud cuando escuche a la maestra gritar ¡Ahí viene pinocho! ¡Ahí viene pinocho! Luego, luego se le amontonaron los chiquillos para saludarlo y yo me espere para estrechar su mano era un hombre chaparrito traía un gabán colgado al hombro y una gran sonrisa, aquí se estuvo varios días, convivió con sus amigos y se quedo en la casa de Don Pascasio Tello, ahí enfrente de la casa donde vivió cuando chiquillo"

Miguel Carrillo visito Tuxpan y Agostitlan Michoacán en busca de su acta de nacimiento, al no encontrarla pidio a la FAM registrarlo en la Paz debido a no encontrar el documento en su pueblo. Foto: Libro Tuxpan Michoacán 2010.

Días antes había sido recibido en Tuxpan con Madrinas y flores ahí estaban sus más fervientes amigos entre ellos Don Arturo Martínez Marín.

Fue recibido en Tuxpan con madrinas y adornos florales. A la derecha de Traje y sombrero su gran amigo Arturo Martínez Marín. Foto: Libro Tuxpan Michoacán 2010.

Después fue a comer y a convivir en el restaurantito de Don Baldemar Cejudo, todo era algarabía de recibir al capitán Segundo de la Fuerza Aérea Mexicana.

El Capitán en Tuxpan comiendo en el restaurante del Sr. Waldemar Cejudo.
Foto: Alejandra Cejudo.

Después de un tiempo visito Zitacuaro ahí llego a casa de los hermanos Zepeda, ahí se encontraban don Antonio Manjarrez y todos sus amigos y conocidos del lugar comieron y bebieron platicando todas sus experiencias en la milicia.

Visita a Zitacuaro y a todos sus más grandes amigos. Al centro de boina el Capitán Miguel Carrillo. Foto: Moisés Guzmán.

En el año siguiente el 18 de Abril de 1946 Miguel Carrillo llego al aeropuerto de Balbuena refiriendo presentarse para todo servicio procedente de la Paz Baja California y del escuadrón 203 monomotor orgánico, refiriendo haber entregado el avión North American matricula No 770 a los talleres de aeronáutica para su reparación en el cual realizo este vuelo, enviando copia de este oficio a C. Coronel PA Comandante de grupos de Escuadrones y al C. Coronel PA Comandante de campos.

Solo cerca de 1 mes Miguel estuvo en México D.F. y así el 22 de Mayo de 1946 informo en oficio al Gral. de Brigada PA Director de aeronáutica Militar que con esa fecha saldría a la Plaza de La Paz B. C., tripulando el avión EAN-746 a reincorporarse al escuadrón Aéreo "203".

El 12 de Agosto del año corriente el Gral. de División Comandante Agustín Olachea Aviles, envió oficio a la Defensa Nacional Once de México DF, pidiendo autorización ya que el Cáp. 2º PA Miguel Carrillo pedía se le concedieran sus vacaciones anuales, las cuales no había disfrutado por exigencias del servicio y que las disfrutaría en Santa Rosalía B.C.S. y los Ángeles California E. U. A, manifestándole el comandante no tener inconveniente por parte de la zona por contar con nuevos pilotos; El 13 de Agosto le fue autorizado por el Gral. de

Brigada PA Director Gustavo A. Salinas Camiña.

El Capitán Pinocho ya para este tiempo le habían llegado invitaciones para irse a trabajar en la Empresa Douglas Aircraft Company, en los Estados Unidos y eso motivo la visita a Los Ángeles California donde estaba la empresa para ver esa posibilidad y fue debido a eso que después de regresar pidió licencia ilimitada para retirarse del Servicio de las Armas. Que auque se le otorgo también se le pusieron trabas para concretar su inquietud de ir a trabajar a la unión americana. Pero había algo más fuerte que por lo cual no se iría a trabajar allá y era porque no podía ir en contra de sus ideales de no depender del extranjero, como lo había expresado en su tesis. Ya convencido de que dentro del ejercito no realizaría todo lo que le gusta hacer se retiro por un tiempo.

Para el 10 de Octubre de 1946 y habiendo regresado de vacaciones el Capitán Carrillo envió un oficio dirigido al Secretario de la Defensa Nacional y al Director de Aeronáutica Militar. Donde mencionaba que en virtud de tener urgente necesidad de dedicarse a sus asuntos particulares y en apoyo en el Art. 85 de la ley orgánica del Ejército y Armada Nacionales, pedía le fuera concedida Licencia Ilimitada para separarse del servicio activo del Ejército. La cual le fue otorgada con carácter de ilimitada el 1° de Noviembre de 1946, quedando en situación de reserva para cualquier momento. Cabe mencionar que 8 días más tarde de haberle otorgado su licencia fue excluido de la promoción 1946 para ascensos por pendiente licencia ilimitada esto aprobado por el Gral. de División Srio. Francisco L. Urquizo. Y todas las autoridades de la SEDENA.

4
Licencia Ilimitada, Pinocho "un loco más en San Locos".

Extracto del libro Mar Roxo de Cortes Biografía de un Golfo Fernando Jordán

Ya con la autorización de su Licencia Ilimitada y molesto por la postura que habían tomado las autoridades militares superiores a él, de no autorizarle ir a Estados Unidos, el Capitán Carrillo se fue a vivir a San Lucas ubicado entre Loreto y Santa Rosalía que actualmente pertenece al municipio de Mulege como subdelegación llamado Ejido San Lucas y se planto en medio del desierto todo mundo por supuesto dijo nuevamente, "pinocho esta Loco" ¿Qué va a hacer en San Lucas? Que para el no eran raras esas expresiones ya que desde que vivió en Zitacuaro esa era la imagen que se tenia de él.

Mulege municipio al que pertenece el Ejido San Lucas donde Miguel vivió al pedir licencia. Foto: Fernando Jordán.

San Lucas era un sitio estratégico para muchas cosas. Ofrecía una de las mejores pistas de Baja California, estaba a orillas un bello estero, estaba bastante cerca de Santa Rosalía la Ciudad Industrial del territorio Sur y ofrecía junto con lo anterior, las mejores posibilidades para morirse de hambre porque carecía de Agricultura y Ganadería.

Miguel en San Lucas reparando el "Urano" bote de Fernando Jordán.
Foto: Fernando Jordán.

Pero San Lucas tenía algo que había unido aquí a varias personas provenientes de sectores diferentes y conformaban un grupo rebelde, orgulloso y altivo. Los que vivían en San Lucas no servían a nadie eran rebeldes por naturaleza. Podían morir de hambre aquí contentos antes de claudicar y servir a una empresa o a un patrón. Por eso mismo en la jerga popular a San Lucas se le conocía como San Locos o San Alacranes. Como anillo al dedo le quedaba el nombrecito pareciera una coincidencia lo de su llegada a este lugar como si el apodo que le atribuían en Zitacuaro de "El Loco" antes de construir su avión volviera a referirse por lo pobladores de este desierto. Así pues con todo y eso el Capitán Pinocho compro un ranchito que daba a la orilla del mar, bajo un gran palmar de datileras donde solo crecían chollas y cardones, aun con este panorama desértico para el era un terreno a su medida. Monto un taller como no había dos en Baja California. Ya que su pasión era la aviación y la mecánica, para el le llenaba plenamente realizar lo que más le gustaba. Y que en la burocracia militar como lo había manifestado en su tesis no pudo desarrollar sus proyectos.

El Capitán Miguel Carrillo Ayala
bajo una datilera en su taller
Mecánico de San Lucas BCS.1951.
Foto: Fernando Jordán.

Ya que ahí se podía construir un avión, un coche y componerse cualquier tipo de maquinaria, como el mecánico era de toda la confianza llegaban a ahí en su busca todos los que requerían de sus servicios. Le llevaban a revisar aviones, coches a componer y camioncitos. Para este fin pinocho construyo una pista para que pudieran aterrizar los aviones que le traerían a reparar y tiempo después cuando se traslado a La Paz esa pista fue donada por el y en la actualidad es un destacamento militar. El capitán compraba aviones de desecho y los rehacía, automóviles inservibles que convertía en camioncitos en perfecto estado, así como también se encargaba de reparar motores marinos, para ese entonces trabajaba con el un ayudante

pero ya tenia bien entrenados a dos de sus hijos; el mayor Miguel heredo la habilidad de su padre y era capaz ya a pesar de su corta edad de arreglar ciertas partes de los motores de avión y de automóvil. Y de ahí le nació el amor a todo lo que tenga que ver con la mecánica y en la actualidad pinocho II cuenta con una rica colección de automóviles clásicos y pertenece al club de motociclistas Harley Davidson de la paz. Llegaban gran cantidad de aviones de americanos que visitaban Baja California y traían algún problema seguros de la confianza hacia Pinocho.

Fernando Jordán, Miguel Carrillo
al centro y José Héctor Salgado a
un costado de este fuera de enfoque
Miguelito el hijo del Capitán.1951.
Foto: Fernando Jordán.

Pero eso si "pinocho servia a quien quería, no había manera de obligarle a realizar su trabajo. Los clientes los escogía el mismo.

Debido a esto nunca le gusto servir a empresas o patrones sobre todo si eran extranjeros, ya que muchas veces como ya mencione recibió insistentes invitaciones de la famosa fabrica de aviones Douglas de Estados unidos para ir a trabajar para ella, con buen sueldo y buena casa, pero nunca acepto prefirió seguir plantado ahí en el desierto haciendo milagros mecánicos bajo las palmas datileras de San Lucas. Y si hacemos un análisis de su historia el aceptar significaba para el ir en contra de sus ideales plasmados en su tesis donde el mismo menciono que México y su fuerza aérea no deberían depender más del exterior y por eso es entendible su decisión de no ir a trabajar allá, contrario a lo que sucedió con muchos más "pinochos" de varios sitios de la republica mexicana que en el intento de pedir el apoyo al gobierno mexicano encontraron una nula respuesta para sus proyectos y muchos de ellos tuvieron que emigrar al país del norte para realizar completamente sus proyectos pero no llenaron el hueco de la satisfacción de lograrlo en su propia patria para muestra el mexicano que invento la televisión a color o en la actualidad el michoacano José Hernández Astronauta de origen mexicano.

Para él en San Lucas le fue naciendo, otra vez, la esperanza, la voluntad, entereza y convicción de hacer lo que deseaba, tenia proyectos por montones y su cabeza ambiciosa soñaba con maravillas mecánicas, por el año de 1951 le comento a Fernando Jordán que trabajaba en una maquina secreta y le explico de que se trataba "Dentro de unos meses, no padeceremos escasez de comestibles. Estoy trabajando en la construcción de una lancha rápida, en la cual me será posible ir por el mandado a Guaymas" La cual se encontraba a una distancia aproximada de 140 kilómetros, golfo de California de por medio.

Comentándole también que tenia grandes proyectos para San Lucas, para un futuro que él miraba de cerca, que traería cosas mejores para él, los suyos y esta desértica región de Baja California. De nuevo nuestro personaje reflejaba esa voluntad por mejorar las cosas del lugar donde vivía sin ningún otro interés que el bienestar de su familia y el pueblo en general.

Como puede verse en esta expresión el Capitán siempre tuvo esa ideología de progreso en todos los lugares donde vivió pensando siempre en el bien común y fue debido a esto que se le incluyo en el libro de "Forjadores de Baja California" que aun si ser originario de ese estado de la republica el autor del libro lo incluyo en su publicación de 1980.

La gente de toda la península lo conoció y lo respetaba por su gran calidad de sus servicios como mecánico, pero aun más por su gran virtud de servicio a los demás ya que en esa época construyo varias pequeñas pistas en las que despegaba y aterrizaba para llevar a la gente de varios pueblitos y rancherías, víveres, mercancías, combustibles y todo lo necesario para el progreso de estos, Miguel de nuevo haría lo que realizo cuando vivía en Michoacán pero la diferencia que ahora era en avión y no en el famoso fortingo el "Niño Fidencio" de Don Arturo Martínez Marin.

Debido a esto se le considera uno de los grandes pilares de la aviación sudcaliforniana, ya que todo traslado anteriormente debía hacerse en Avión o en Barco. Porque aun en ese tiempo no estaba la carretera transpeninsular. Y con todo lo que hizo revoluciono el progreso de esta región de la Republica Mexicana. más tarde esto le serviría para ascender al grado de Capitán 1º.

Retomando su vida en la Baja California, lo más espectaculares son sus "locuras". Todas ellas las realizo como piloto y por lo general no eran actos descabellados, sino vuelos experimentales de entrenamiento que el pueblo de San Lucas interpretaba de otra manera. Como ejemplo hubo noches que el Capitán Carrillo se subía a su avión uno de la marca Voltee que le vendió el Che Abente.

Avión Voltee Miguel Carrillo le compro uno igual al Che Abente. Y en el llevaba víveres a toda la península Sudcaliforniana.

Anteriormente uno de la marca Piper que después fue del Ingeniero José Geoffroy y Pozo mejor conocido como el "Chito" Geoffroy. Ponía en marcha el avión y se lanzaba a volar, duraba dos o tres horas en el aire, hasta que se le agotaba el combustible y aterrizaba a oscuras en San Lucas o en cualquier otra pista. Lógico era para las demás personas que

lo escuchaban volar de noche sabiendo que no hay en todo el sur bajacaliforniano una pista con iluminación, creían que pinocho estaba haciendo una locura. Él por el contrario comento "Lo que hago y estos me llaman loco no entienden que realizo y entreno vuelos a ciegas, ¿De qué otro modo podría conservarme en condiciones como piloto?"

Avión Piper uno igual fue el que vendió Miguel Carrillo al Chito Geoffroy y en el traslado a Miguel a Santa Rosalía cuando sufrió un accidente.

Precisamente hacia algunos meses el Capitán había volado de noche desde bahía Tortugas hasta Santa Rosalía. En el camino lo sorprendió el mal tiempo, quiso regresar pero la niebla estaba espesa en la región de donde había partido, inmediatamente enfilo hacia San Lucas encontrándolo cubierto por niebla, se fue volando en busca de una pista libre de costa a costa de la península, no encontró ninguna y tuvo que planear el aterrizaje de emergencia

no sin antes consumir todo el combustible para evitar una explosión, pasarse al asiento de atrás además de tirar todo lo que podía para aligerar el peso del avión su intención era aterrizar a la orilla del mar como en otras ocasiones lo había hecho pero esa ocasión era de noche y había mucha niebla, motivo por el cual cayo equivocadamente en un lugar lleno de piedras que asemejaban el color blanco de las arenas, su avioneta se destruyo y el se rompió el vientre, estuvo tirado en el desierto en un lugar frió y solitario cerca de un rancho llamado "El Carrizal" hacia la costa del pacifico, un ranchero lo rescato y lo llevo a su choza al día siguiente del accidente luego fue recogido en la avioneta del Chito Geoffroy y lo trasladaron al hospital de Santa Rosalía donde fue intervenido de urgencia por el Cirujano Daniel Sánchez Cornish un reconocido Médico de Santa Rosalía, teniendo éxito la cirugía ya que un mes después el Capitán estaba de nuevo en buenas condiciones para ese entonces mencionaban sus amigos más cercanos que el Pinocho tenia mucha suerte y algo más que siete vidas.

Menciono el Capitán que esa ocasión no volaba por gusto sino por obligación. A pesar de lo sucedido nadie desconfiaba de él como piloto, sobre sus vuelos se bordaba mucha fantasía y se interpretaban más que con criterio con la imaginación. Nadie tendría miedo de volar al lado de Pinocho porque hasta sus más entusiastas detractores le reconocían su gran habilidad como piloto, su serenidad y sobre todo sabían que volar en su maquina era llevar la garantía en la revisión del motor.

La etapa de su vida en Baja California Sur encierra una gran cantidad de hechos que pasan de lo real a lo ficticio marcándolo como una leyenda de las más conocidas en todo la península bajacaliforniana se escucha su nombre en Mexicali, en Tijuana, en Ensenada, San José del Cabo, Comondu, en el rancho que esta a dos días de desierto de la carretera, en todas partes era y es conocido y famoso el personaje, todo el mundo se decía amigo de el, todo mundo lo conocía, lo quería, lo despreciaba según la envidia o la sinceridad.

Cuando Fernando Jordán dio con el lo describió de la siguiente manera: "Es de pequeña estatura, delgadito, muy ligero de peso. Tiene algunos dientes de oro, sonríe mucho, tiene una cara simpática que gesticula nerviosamente cuando habla. Su personalidad física no es vulgar ni pasa inadvertida; pero, desde luego, no exhibe nada de lo que el hombre vale, de lo que lleva dentro y mucho menos de lo que ha hecho para ganar la aureola y la fama que va implícita con el sobrenombre renombrado (válgame la expresión) de Pinocho.

Como podemos ver Jordán no hizo más que hacer notar su sencillez, humildad y el don de tener los pies sobre la tierra de pinocho contrario a lo que ocurre en nuestra actualidad que hay personas que pierden el suelo y eso les resta admiración de los demás por sentirse a un nivel más alto. Menciono Jordán que en su bitácora para su libro Miguel lo firmo simplemente poniendo su apodo Pinocho.

Crónica del encuentro de tres locos:

Fernando Jordán y José Héctor Salgado llegaron a San Lucas el viernes 22 de Junio de 1951, después de muchos intentos para coincidir con Pinocho, describe José Héctor Salgado durante el viaje hacia San Lucas: por poco pierden los remos como si el destino quisiera evitar a toda costa su encuentro con el tan mentadísimo pinocho, al entrar al estero de San Lucas salio a recibirlos Pinocho, a quien el Che Abente le había ya avisado de la visita de este también, par de locos, de su misma estirpe ya que en un pequeño velero de 5 mts de largo, por 1.50 de ancho emprendieron a la aventura peninsular. José Héctor describió a pinocho así "Chaparrito, simpático, flaquito (tiene algo del estilo de cantinflas). Durante su estancia en San Lucas se apoyaron con Pinocho, los llevo a comer con Doña Sofía a un kilómetro y medio de San Lucas donde se servia la Mejor comida de Baja California, degustaron juntos los alimentos y unas TKT bien frías, ya por la tarde les platico de su vida, de sus aviones, de sus proyectos, y por la noche los dejo dueños de su campo. Al día siguiente Pinocho y un carpintero revisaron el

Urano y los llevo en su carcachita de nuevo a desayunar con doña Sofía. Sábado y domingo siguientes durmieron bajo las alas de un avión de Pinocho. Por la mañana siguiente Miguelito el hijo de Pinocho de 12 años de edad les llevo de almorzar, después se fueron a Santa Rosalía y pinocho los regresa en su carro a San Lucas, al día siguiente José Héctor Salgado y los hijos de Pinocho se fueron a nadar por la tarde. La mañana siguiente llegan unos mecánicos de Santa Rosalía que iban a recoger un motor de avión que les arreglo pinocho. Pinocho les recomienda comprar aceite para el motor del Urano, al día siguiente Salieron con pinocho en el Urano para probarlo y verificar que el motor estuviera en perfectas condiciones, el día 6 de Julio de 1951 Jordán y Salgado se despidieron de Pinocho previa toma de unas fotos enfilaron hacia Santa Rosalía. Se terminaba así la visita a este gran hombre y se iban en busca de escribir su propia historia, contentos de haber convivido aunque por pocos días con este gran ser humano. Y sin darse cuenta ese día Miguel cumplía 43 años de edad.

5
Regreso al servicio activo de las Armas.

Para el día 31 de Octubre de 1952 el Capitán Miguel Carrillo envió un nuevo oficio al C. General de División PA Antonio Cárdenas Rodríguez quien

para ese entonces fungía como Jefe de la Fuerza aérea Mexicana diciendo lo siguiente "Que habiendo concluido los motivos particulares para separarme del

Servicio con Licencia sin goce de haber, suplico a usted si a bien lo tiene se acuerde mi nuevo ingreso al Servicio si no hay inconveniente. Así fue como fue reingresado al servicio activo con fecha 1º de Diciembre de 1952. Su objetivo primordial era que su familia quedara protegida, al mantenerse activo en las armas por el resto de sus días.

Para el 5 de Marzo de 1953 en oficio enviado al Gral. de Brigada PA Eliseo Martín del Campo que fungía como Subjefe de la FAM, por parte del Teniente Coronel PA Ernesto Mazariego pidiendo información sobre si el Cápitan Segundo PA Miguel Carrillo Ayala se encontraba en servicio activo en virtud que deseaba nombrarlo comandante del Campo de Aviación de San Lucas Baja California Sur.

Fechado en esa misma fecha el Mayor PA Cesar A. Abente Benítez comandante de la Paz reportando a la subjefatura operativa que se había presentado el Capitán Carrillo a esa comandancia manifestando no recibir aun ordenes correspondientes, en el mismo oficio sugería que de no haber inconveniente quedara comisionado a esa comandancia y destacado al campo militar de aviación de Santa Rosalía, donde son necesarios sus servicios en la actualidad suplicando igualmente sea encuadrado en tercer grupo aéreo fin haberes regionales.

El comandante de Mayor PA Cesar Atilio Abente el Che era un piloto de origen paraguayo que logro ingresar a la Fuerza Aérea Mexicana, siendo asignado a La comandancia de La Paz solo menciono esto para mostrar como la burocracia militar de esa época tampoco supo valorar y dar el lugar que se merece y merecía ya que este nombramiento de comandante le correspondía al Pinocho pionero de la aviación, constructor de su propio avión, que sin ningún interés aun retirado apoyo a la Fuerza Aérea en este lugar, pero como era de esperarse aun seguía viva la poca aceptación de la capacidad de un gran hombre. En consecuencia el Capitán Carrillo tuvo muchas diferencias con el Comandante Che Abente, mencionan sus familiares como se refería en torno a esto "como es posible que una persona con menos experiencia, (mencionándolo con la p. como lo hacemos los mexicanos), viniera a mandarlo y compartía la misma opinión hacia muchos de sus superiores, y basta recordar que el era más joven que muchos militares que se encontraban en el mismo rango, y lo denota la foto donde se observa a la elite militar de la FAM en esa época acompañando al presidente Cárdenas. Aun con estas diferencias el Che reconocía aun en contra de sus convicciones la capacidad, la trayectoria y el gran respeto que la gente tenia hacia Carrillo, muestra de ello que sirvió de contacto a Fernando Jordán para visitar al Capitán Pinocho.

Siendo nombrado Jefe del Campo militar de aviación de Santa Rosalía, hasta que el 1º de Junio de 1953 fue dado de baja de la Jefatura de este campo militar y alta como Oficial de Operaciones de la Base aérea de Ensenada Baja California. Ordenado por el Gral. Brigadier PA Baltazar Leyva Mancilla.

El 9 de Octubre de 1953 en oficio enviado por el Coronel de aeronáutica PA comandante de la Base al C. General Brigadier PA jefe de la FAM, haciendo una propuesta para que el Capitán Segundo PA Miguel Carrillo ascienda al grado inmediato superior, mencionando su incursión en contra de la Rebelión Cedillista, así como las horas de vuelo con las que contaba tanto en aviones militares como en aviones civiles y la labor fructífera que siempre desarrollo dentro y fuera de la FAM, en beneficio de esta, a su espíritu de trabajo, a su disciplina y buena conducta tanto civil como militar. La Fuerza Aérea no solo tomaba en cuenta su desempeño como militar sino que también denotaba algo de lo que el Capitán siempre mostró desde pequeño y durante toda su existencia a favor de la población civil.

El oficio reflejaba la imagen en general del gran Pinocho tanto en el ámbito militar como en ámbito civil. Y así el 20 de Noviembre de 1953 fue ascendido a Capitán 1º Piloto Aviador, y le fue expedida su patente el día 3 de abril de

1958, por el Secretario de la Defensa Nacional General de División Matías Ramos Santos.

Capitán 1º Piloto Aviador Miguel Carrillo Ayala. Archivo SEDENA.

El 22 de Abril de 1954 se extendió un Certificado Médico por el Mayor Medico Cirujano del Ejercito Mexicano, mencionando que el Capitán 2º de aeronáutica PA Miguel Carrillo A. se encontraba sano y apto para el servicio de las Armas y de su profesión. Aquí todavía no se aprobaba su ascenso por eso aun tenia el cargo de Capitán Segundo.

El 11 de Mayo de 1954 el Gral. Brigadier PA Jefe de la FAM Alberto H. Vieytez y Vieytez, envió Memorandum al Srio de la Defensa Nacional, mencionando que en virtud de ser necesario que el C. Cap. 1º PA Miguel Carrillo Ayala cause alta en el 4º grupo aéreo como oficial de inteligencia, proponía que se giraran las ordenes necesarias a fin de que partir del 16 de actual el Cap. 1º de aeronáutica Miguel Carrillo Cause baja en la Base Aérea de Ensenada B.C. como oficial de operaciones y con la propia alta en la planta del 4º Grupo aéreo como Oficial de inteligencia. Esto fue remitido de conformidad por el General de Brigada Oficial Mayor Baltasar R. Leyva Mancilla. El 16 de Mayo de 1954 causo alta pero no se presento a la base de Mérida Yucatán donde estaba destacamentado este grupo aéreo.

El Capitán 1º Miguel Carrillo tuvo que enviar una carta de carácter personal al Gral. de Brigada PA Roberto Salido Beltrán subjefe de la FAM, el día 2 de Julio de 1954, mencionándole "Estimado Jefe y amigo: Que se había incorporado a San Lucas para atender las ordenes de cambio que recibió para trasladarse a Mérida Yucatán. Pero pidió que por favor interviniera para que no fuera removido ya que se encontraba en una situación económica difícil y pedía quedarse el resto del año mientras podía mover en mejores condiciones a su familia a la Plaza de La Paz". La respuesta fue positiva el día 7 de Julio de 1954.

Además de la ayuda recibida por su amigo Roberto Salido Beltrán el Coronel PA Eduardo Aldasoro Suárez del 3er Grupo aéreo abogo por él refiriendo la importancia de la conservación y mantenimiento de dicho campo aéreo de San Lucas y otros cercanos como San Ignacio, Calmalli, Abreojos, La Purisma, Comundu etc, y les suplicaba la nulificación de la ordenes numero 4301/4522 de 21 de Mayo anterior pidiendo que el Capitán Carrillo siguiera en esa misma plaza.

Se analizaba que el capitán Carrillo gracias a su interés personal y poniendo en juego sus propios medios como lo eran un avión y un camión de su propiedad constantemente se encontraba recorriendo los campos y pistas de aterrizaje de esa región, echando mano de elementos voluntarios que tienen amistad con el Capitán con lo que hace un ahorro muy grande para la Secretaria de la Defensa Nacional. Esto el 15 de Julio de 1954. Observaciones hechas por Salvador Noble Morales al Jefe de la FAM.

Cabe hacer mención de este gesto por parte del Capitán Carrillo poco visto en la burocracia militar y mexicana, de poner hasta de su bolsa para el bien común y que es digno de reconocérsele. Cosa que no cualquiera haría.

El 27 de Julio de 1954 por intercesión del Jefe de La FAM General Brigadier Alberto H. Vieytez y Vieytez en oficio enviado al Srio de la Defensa Nacional se pedía nuevamente lo mismo siendo recibido de conformidad por el Gral. de Brigada Oficial Mayor Baltasar R. Leyva Mancilla así fue como el Capitán Carrillo logro seguir en la Plaza de San Lucas

El 26 de Septiembre de 1955 se solicito una licencia ordinaria con goce de haberes para el Capitán Carrillo enviado al Jefe de la FAM por Teniente Coronel PA Comandante Eduardo Grados Gutiérrez, recibiéndose el 6 de Octubre siguiente en la SEDENA para su aprobación.

Al Capitán Carrillo nunca se le quito de la mente la intención de mover a su familia a la plaza de La Paz para radicar definitivamente ahí.

El 4 de Noviembre de 1955, el Capitán Carrillo envió una carta al Jefe de la FAM en la cual mencionaba que de común acuerdo con el anterior mando de esa jefatura, habían acordado establecer un Escalón de Mantenimiento en la Plaza de la Paz B.C. haciendo uso de los elementos que se designaran y maquinaria propiedad del Capitán Carrillo, habiéndome ordenado el Gral. de Brigada con actual cargo de Director de la Escuela Militar de Aviación Roberto

Salido Beltrán que podía desmantelar el pequeño taller de Mecánica de Aviación de mi propiedad establecido en campo militar de Aviación de San Lucas y pasarlo a La Paz, mismo que se efectuó en parte y por mis propios medios esto para dar ayuda a la FAM, pidiendo que una vez establecido este escalón se girarían las ordenes para causar baja en San Lucas y Alta en la Plaza de La Paz B. C, cubriendo una vacante existente, esto debido a problemas de salud en su familia de su esposa y tres hijos siendo necesario el clima del territorio sur además por ser la Paz un poco más económica para mi subsistencia.

Así afortunadamente para el Capitán Carrillo a partir del 1º de Febrero de 1956 el Gral. de Brigada Alfonso Cruz Rivera, en oficio dirigido al Director General de Intendencia para posteriormente prestar sus servicios en el Campo Militar de Aviación de La Plaza de la Paz.

Después de ya residir en La Paz se le volvió a excluir ahora de la Promoción de 1956 de la Ley de Ascensos y Recompensas del Ejército y la Fuerza Aérea Nacionales, esto debido a que no cumplía con el tiempo de servicios que se exigía para el efecto a los de su grado. En oficio firmado por el Gral. de División Jefe del Estado Mayor Tomas Sánchez Hernández.

Tiempo después le fue otorgada su patente de Capitán 1° de Aeronáutica P. A. con fecha 3 de Abril de 1958, cabe mencionar que tenía este nombramiento como antigüedad 20 de Noviembre de 1953 por haber llenado los requisitos para la promoción general 1953. esto sucedió siendo Secretario de la Defensa Nacional el Gral. de División Matías Ramos Santos.

Patente de Capitán 1° Piloto Aviador otorgada a Miguel Carrillo.
Foto: Archivo SEDENA.

El 15 de Febrero de 1962 el Banco Nacional del Ejercito y la Armada le expidió una tarjeta de crédito a su nombre con el numero de cuenta 37701.

En la foto aparece el Capitán Carrillo con aspecto joven aun y solo 3 años más tarde moriría.

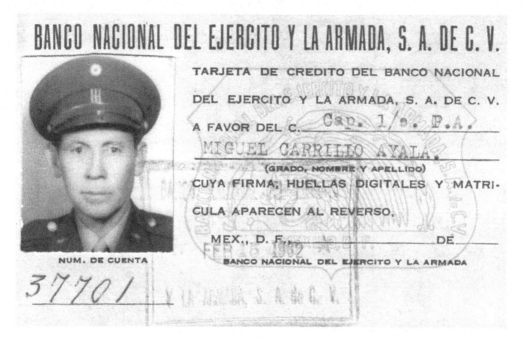

Tarjeta de Crédito del Cáp. 1º Piloto Aviador Miguel Carrillo Ayala, 15 de Febrero de 1962, solo 3 años antes de su muerte. Foto: Estrella Carrillo.

Durante su estancia en la Paz el Capitán Carrillo hizo muchos amigos, los cuales comentan con gusto que era una chispa, le gustaban mucho los chistes y las vaciladas, caía bien lo que decía causando una gran hilaridad entre los que lo escuchaban y lo conocían, lo describían como un hombre inteligente, calculador, inquieto, idealista, de un carácter especial, pero tenia la particularidad de convivir con todas las personas que trataba independientemente de este detestaba al servilismo y la alabanza, pero sabia apreciar y reconocer el trabajo honrado, prueba de ello que nunca se enriqueció. Al contrario siempre busco el bien común de los lugares donde vivió, así lo muestra el mensaje que dio cuando voló en su avión diciendo que también en la provincia mexicana se podía crear aviación, al igual cuando estuvo en San Lucas Baja California influyo en gran parte de las mejoras del lugar al tener ahí su taller mecánico en pleno desierto la gente iba en busca de el y siempre lucho por mejorar las condiciones de vida de su familia y sus pobladores, se sabe también que el dono una pista de aterrizaje de su propiedad ubicada en el puerto de Loreto a la Fuerza Aérea Mexicana, y además en su traslado a La Paz se llevo consigo su taller mecánico para seguir apoyando a la FAM utilizando su propio camión para trasladarse, quizás el mejor ejemplo que nos dio el Capitán Carrillo fue el de su Voluntad para hacer lo que deseaba hacer, sin ponerse obstáculos ni defraudarse a sí mismo pues su misma historia así nos lo muestra.

Es importante mencionar que fue Delegado de Gobierno en Santa Rosalía, además fundo la Compañía Líneas Aéreas Lucifer.

En su estancia en La Paz Miguel Carrillo y su familia son hasta la actualidad gente muy respetable y admirada tanto así que antes de morir el Capitán se reunía con varios niños y vecinos de su barrio donde radicaba y les contaba todas sus anécdotas, la construcción

su avión pinocho, de su historia en la Fuerza Aérea Mexicana y cientos de aventuras más para un auditorio siempre dispuesto a escucharlo, uno de estos niños fue el Maestro Emilio Arce quien lo recuerda con su eterno cigarro Rialtos pegado a sus labios y como al relatar el capitán tenia además un lenguaje de ademanes que hacia más amena la charla.

Sus hijos recuerdan como en la escuela les hacían burla con el apodo de Pinocho, por que sus compañeros creían que les decían así por mentirosos pero después los maestros les explicaban por que razón era el alias y se quedaban con la boca abierta. Y de ahí en adelante les tenían un gran respeto por ser hijos de este gran personaje.

Es importante también mencionar los homenajes de que fue objeto el Capitán en las reseñas sobre la historia de la Aviación Sudcaliforniana transmitidos cada año por el canal local de La Paz fundado por otra leyenda de ese lugar el Sr. Francisco King Rondero corresponsal de la empresa televisiva más importante de nuestro país, recuerda la familia Carrillo Maya la forma en que se hablaba de el denotando su gran importancia en este estado aun sin ser originario de aquí.

Tanto fue el aprecio de la gente que cosecho el Capitán, que Carlos

Domínguez Tapia en 1980 lo incluyo en su publicación Titulada Forjadores de Baja California, lugar que el Capitán se gano a pulso en estas tierras como un forjador más.

En 1990 el Gobierno de Baja California Sur a través de la Dirección de la Crónica Estatal realizo un homenaje en Honor a Miguel Carrillo Ayala con motivo del Cincuentenario de su arribo a tierras sudcalifornianas, publicando un articulo que estuvo a cargo de la Profesora Mercedes Acuña Peralta, una de las personalidades más importantes de esta tierra y que ha publicado una gran cantidad de obras para el rescate de la historia peninsular.

El Capitán solo a unos años de su deceso. Foto: Estrella Carrillo.

Pues bien en total en la Familia Carrillo Maya se procrearon ocho hijos, Miguel Capitán Piloto Aviador; Delia, Avelino Mecánico, Alicia, Estrella, Daniel Arquitecto, Carlos Ingeniero Agrónomo y Bernardo Mecánico y Capitán de un barco para turistas. La Sra. Damaris Maya de Carrillo manifiesta satisfacción de platicar que después de viuda formo a sus hijos profesionistas con muchos sacrificios.

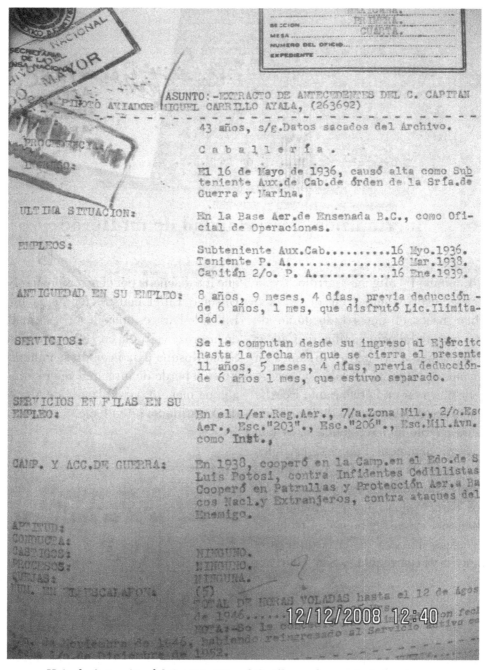

SECCION .... PRIMERA.
MESA .... CUARTA.
NUMERO DEL OFICIO ....
EXPEDIENTE ....

ASUNTO:-EXTRACTO DE ANTECEDENTES DEL C. CAPITAN PILOTO AVIADOR MIGUEL CARRILLO AYALA, (263692)

43 años, s/g.Datos sacados del Archivo.

C a b a l l e r í a .

El 16 de Mayo de 1936, causó alta como Sub teniente Aux.de Cab.de órden de la Sría.de Guerra y Marina.

ULTIMA SITUACION: En la Base Aer.de Ensenada B.C., como Ofi-cial de Operaciones.

EMPLEOS: Subteniente Aux.Cab..........16 Myo.1936.
Teniente P. A................16 Mar.1938.
Capitán 2/o. P. A............16 Ene.1939.

ANTIGUEDAD EN SU EMPLEO: 8 años, 9 meses, 4 días, previa deducción - de 6 años, 1 mes, que disfrutó Lic.Ilimita-dad.

SERVICIOS: Se le computan desde su ingreso al Ejército hasta la fecha en que se cierra el presente 11 años, 5 meses, 4 días, previa deducción de 6 años 1 mes, que estuvo separado.

SERVICIOS EN FILAS EN SU EMPLEO: En el 1/er.Reg.Aer., 7/a.Zona Mil., 2/o.Esc Aer., Esc."203"., Esc."206"., Esc.Mil.Avn. como Inst.,

CAMP. Y ACC.DE GUERRA: En 1938, cooperó en la Camp.en el Edo.de S Luis Potosí, contra Infidentes Cedillistas Cooperó en Patrullas y Protección Aer.a Bu cos Nacl.y Extranjeros, contra ataques del Enemigo.

APTITUD:
CONDUCTA:
CASTIGOS: NINGUNO.
PROCESOS: NINGUNO.
QUEJAS: NINGUNA.

Hoja de Actuación del Capitán Miguel Carillo en el servicio de las Armas.
Foto: Archivo SEDENA.

X

Muerte física. Inmortalidad de un Héroe

El Capitán 1° Miguel Carrillo Ayala Pinocho estuvo activo en el servicio militar hasta el día 16 de Junio de 1965 en que falleció victima de Cáncer Broncogénico a la edad de 57 años en la Ciudad de Santa Rosalía. Como se puede observar en la foto Santa Rosalía no se diferenciaba mucho de Agostitlan era un pueblo minero, donde se instalo la empresa minera Francesa el Boleo S.A. amparada en una concesión que le otorgo el presidente Porfirio Díaz por 50 años para explotar los yacimientos de cobre, sus casas también con techos a dos aguas muestra de la Arquitectura Francesa y la parroquia de Santa Bárbara que fue diseñada por el ingeniero francés Gustavo Eiffel constructor de la torre Eiffel de Paris es una iglesia desarmable de hierro construida en 1887 y enviada a Santa Rosalía para la empresa minera el Boleo a bordo de un barco velero era de alguna manera parecida a la de Madera de Agostitlan aquí falleció.

Santa Rosalía Baja California Sur lugar donde murió Miguel Carrillo.
Foto: Rincón Boleriano.

Al día siguiente en el panteón San Juanés de La Paz fue sepultado con honores y su tumba rodeada por una gran cantidad de ofrendas florales. Había muerto el gran Pinocho aquel niño inquieto, joven innovador, gran hombre de Voluntad de Hierro, jovial, jacarandoso, pero con su muerte física se inmortalizo y seguirá presente con sus alas siempre abiertas al vuelo.

Entrada al Panteón Municipal Sanjuanes, La Paz Baja California Sur aquí yacen los restos del Capitán Miguel Carrillo A. Pinocho. Foto: Sergio Rojas.

Fue llevado a su ultima morada con honores los vehículos militares lo trasladaron al panteón Sanjuanes y los aviones realizaron un acto en el cielo en honor a este aguilucho mexicano.

Tumba del Mayor Piloto Aviador
Miguel Carrillo. Panteón Sanjuanes.
Foto: Estrella Carrillo.

Su tumba es la numero 12141, no es exuberante, fue hecha acorde a sus ideales de humildad, ya que desde pequeño encontró la mayor riqueza que puede lograr un ser humano, que es la riqueza interior que nos hace vivir con la mente libre, sin estar sujetos a limitaciones, ni encadenados a lo material, por que siempre estuvo al servicio de un ideal digno y así murió

libre, sin ataduras, con las alas al viento, como el colibrí que un día nació en los bosques de Agostitlan, para el cual no hubo horizontes imposibles de explorar.

Sus familiares plasmaron un significativo deseo al pie de su tumba sabiendo que seria el mejor lugar para que el pinocho así como aterrizo y se lleno de gloria en 1936 en los llanos de Balbuena, llegar a la gloria celestial para terminar su último vuelo en el aeropuerto del señor.

Epifacio con un mensaje muy
elocuente hacia el Capitán.
Foto: Estrella Carrillo.

La defunción del pinocho fue asentada el 17 de junio de 1965, en el libro numero 01 que comprende los registros del 1º de Diciembre de 1946 al 31 de Diciembre de 1968, consta en el libro que la causa de muerte fue por Carcinoma Broncogénico.

Libro de asentamiento de al defunción del Capitán Miguel Carrillo Panteón
Sanjuanes. Foto: Sergio Rojas.

En el libro se asentó el nombre del   de Junio el día 17.
Capitán Miguel Carrillo Ayala en el mes

Fecha de Asentamiento de la muerte del capitán 17 de junio de 1965, aquí
aparece su nombre. Foto: Sergio Rojas.

La causa directa de la muerte fue   de Carcinoma Broncogénico
registrada en la defunción a consecuencia

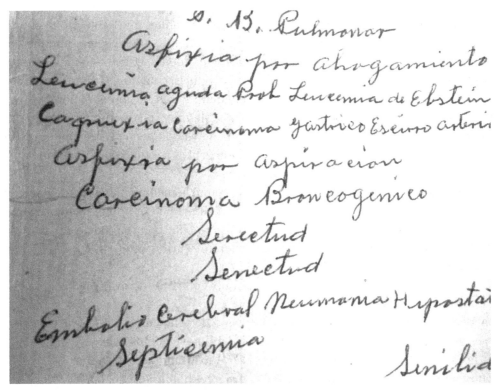

Causa de la muerte del Capitán. Foto Sergio Rojas.

La Sra. Damaris y sus hijos se sienten orgullosos de él, y afirman que respetaron su ultima voluntad quedar sepultado para siempre en su tierra adoptiva Baja California Sur.

A continuación quiero compartir contigo amable lector una reflexión que engloba en su totalidad una forma de describir a Miguel Carrillo Ayala "Pinocho" es un extracto del libro titulado "Vuela Alto" del autor Jaime Borrás.

Vuela alto aquel que tiene un ideal, ejercita su mente, concentra todas sus potencias y su voluntad hacia el fin propuesto y está dispuesto siempre a pagar el precio necesario de sacrificio y renuncia para hacerlo realidad.

Vuela alto aquel que siempre tiene la curiosidad de un niño, conocimientos y sed de ellos. (El niño Miguel)

Vuela alto aquel que, si se da cuenta de que seguía un camino equivocado, sabe cambiar de rumbo y empezar de nuevo, sin desanimarse más de lo normal.

Vuela alto aquel que siempre dedica tiempo a soñar y después pone inteligencia y esfuerzo para hacer realidad sus sueños.

Vuela alto aquel que sabe escuchar, analizar y enriquecerse.

Vuela alto aquel que aun teniendo miedo tiene la voluntad de vencerlo.

Vuela alto aquel que siempre es humilde, pues cada vez sabe mejor dónde están sus limitaciones.

Vuela alto aquel que, aun cuando se apaguen las luces del túnel en que a veces la vida le sitúa, sigue andando en la oscuridad, porque tiene tanta fe que, si sale por la mañana a buscar una estrella, está convencido de que regresará por la tarde con ella. ¡Jamás se da por vencido!

Vuela alto aquel que sabe vivir a fondo y descubrir día a día la alegría de vivir.

Vuela alto aquel que sabe aprovechar bien el tiempo, pues sabe que la constancia en los pequeños esfuerzos de cinco minutos o de una hora cada día producen milagros.

Vuela alto aquel que sabe cuán importante es cuidar la salud del cuerpo y la del espíritu.

Vuela alto aquel que sabe que la suerte prácticamente no existe, aunque sí las coincidencias. Sabe que la suerte se produce cuando la oportunidad se encuentra con la preparación, y, por ello, siempre sigue preparándose. La vida no vale la pena vivirla si no es para dedicarla al servicio de un gran ideal.

Y como homenaje para mi paisano, y así como el no era piloto, reconozco que no soy poeta pero me nació desde muy adentro escribir esto:

Colibrí con alas de oyamel.

Día 6 de julio corría
De mil novecientos ocho
En Agostitlan linda serranía
Nació el humilde pinocho.

Fue pobre si, su morada
Con techo de tejamanil
De madera atravesada
Y aspecto siempre senil.

Más nadie se imaginaba
Lo que del nido saldría
Un colibrí aun sin alas
Que más tarde volaría.

En Tuxpan tus primeras letras
Solo Hasta el tercero cursarías,
Debido a esto las tretas,
diciendo que militar no serias.

Madera humana de Agostitlan
Para el avión, del cacique
Y aunque austerito el avión
Nunca se vino a pique.

El motor más fuerte tu corazón
Para el avión, el de un ford,
redilas de un viejo camión,
Las alas de tu fervor.

Zitacuaro fue testigo
De tu más grande proeza
Sirva de ejemplo al amigo
Que se queja de pobreza.

14 de mayo del 36,
Cuando tu vuelo emprendiste
En Balbuena gente y militares
Seguro que sorprendiste.

Tata Lázaro gustoso
Te ingreso a la fuerza aérea
Sabido y muy orgulloso
que ganarías la pelea.

Lo celos de la milicia
Buscarían que desistieras
Aun contra toda malicia
Carrera de aviador lograrías.

Medalla Emilio Carranza
Tu Máxima condecoración
Gracias a tu coraje y pujanza
Lograste tu inmortalización.

La Paz fue tu tierra adoptiva
Santa Rosalía tu sepulcro

Tu tumba no es llamativa
ya que nunca viviste del lucro.

Forjador de Baja California
Fuiste nombrado en la península
Gracias a tu bondad y curia,
La gente así te postula.

Que sirva de ejemplo pues
Esta vida tan valiosa
Que no necesita Juez
Pa´ juzgarse valerosa.

Pues toca los planos irreales
Cual historia de ficción
Que cualquiera al escucharla
Queda lleno de emoción.

Pinocho desde pequeño,
Mentiroso nunca fuiste
Con tu dedicación y empeño
Tus metas siempre cumpliste.

Al 100, sin dejar a duda,
Tu voluntad aplicaste
Inigualable ejemplo de vida,
fue lo que nos heredaste.

El cielo orgulloso esta
por ser la ultima de tus escalas
infinito espacio de fiesta,
donde seguiras abriendo tus alas.

Vivirás eternamente libre,
siempre al vuelo,
haciendo que tus alas vibren,
en todo el inmenso cielo.

Mentiras al Vuelo:

Miguel con su hazaña demostró a los que no creían en el y lo tachaban de loco y mentiroso, con sus hechos mando a volar las mentiras con todo lo que logro, en la actualidad seguiremos viendo mentiras al vuelo con los pinochos en su afán por volar y seguir volando. Aplicando su Voluntad de Volar...

Y que más ejemplo queremos de lo que es trascender en este mundo, por hechos admirables, sirviendo de ejemplo y demostrando con hechos como lo hizo Miguel Carrillo Pinocho.

Pinocho No mintió: Al contrario de lo que toda la gente decía en el pueblo de Zitacuaro Miguel Carrillo nunca le mintió a la gente cuando desde niño comento que construiría su propio avión y que llegaría a ser piloto aviador, ya que a costa de todo logro sus objetivos, con esto podemos entender mas; que puedes mentir, o engañar a la gente pero lo peor que estas haciendo con esto es engañarte y mentirte a ti mismo, y cuanta gente vive toda la vida haciéndoselo a si mismo y que lo menos grave no es que le crezca la nariz, lo peor e inevitable es la frustración que se va adquiriendo después de siempre vivir engañado, en un mundo irreal y efímero, que solo trae consigo, orgullo vanidad, y apatía de la gente que te rodea.

CRONOLOGÍA

1905 julio 8 Se unen en Matrimonio los padres de Miguel Carrillo Ayala, Avelino Carrillo Aguilar y Felicitas Ayala Malagón, en el Registro civil de Tuxpan Michoacán, por el Juez J. Jesús Valdespino.

1908 Julio 6 Nace Miguel Carrillo Ayala en una humilde casa de madera marcada con el numero 4 de la avenida Hidalgo en Agostitlan.

1910 Muere la Madre de Miguel a los 34 años de edad victima de Fiebre Tifoidea.

1915 A la edad de 7 años Miguel Carrillo y su padre se trasladan de Agostitlan a Tuxpan la cabecera Municipal para que Miguel curse los únicos tres años de instrucción primaria en la escuela primaria particular de Tuxpan.

1918 Miguel y su padre llegan a Zitacuaro buscando mejor forma de vida y viven el casa marcada con el #4 de la calle Salazar Norte.

1919 El niño Miguel demuestra su talento nato para la mecánica y construye su carrito de pedales, con un motorcito de dos cilindros de una vieja motocicleta y se dedicaba a la reparación y venta de bicicletas.

1922-1926 Miguel y su padre radican por un tiempo en la Ciudad de México.

1927-1929 Regresan a Zitacuaro y a Miguel empieza a interesarle la mecánica aeronáutica.

1930 Miguel trabaja en una relojería y gracias a esto y utilizando pequeñas piezas de desecho construye pequeños avioncitos pero que ya aplicaba en ellos su talento para que tuvieran movimiento propio.

1931 Miguel construye un pequeño prototipo de avión al cual le adapto un motorcito de una vieja bicicleta, lo fabrico de cartón y le ponía la gasolina suficiente para lanzarlo desde el cerrito de Guadalupe y que aterrizara planeando hasta la calle Melchor Ocampo.

1932 Marzo 14 Le otorgan su licencia de conducir en Zitacuaro a la edad de 23 años. En este mismo año presta sus servicios como aprendiz sin sueldo en el taller de Mecánica de aviación de la escuela militar de Aviación, demostrando su gran interés en lograr sus sueños.

1934 Marzo 8 Le expide licencia de prácticas de Vuelo #14 la secretaria de comunicaciones y obras públicas a Miguel Carrillo.

1934 Agosto 6 Muere su padre Don Avelino Carrillo Aguilar en Zitacuaro a la edad de 51 años.

1934-1935 La construcción del pinocho realizada por Miguel Carrillo junto con sus amigos José Zepeda y los Hermanos Manjarréz Colin.

1936 Febrero Realiza su primer vuelo a distancia de Morelia a Zitacuaro.

Mayo 14 Realiza su vuelo más importante de Zitacuaro a Ciudad de México, con un previo aterrizaje de emergencia en Villa del Carbón, completando el vuelo en 2 hrs. efectivas de vuelo.

Mayo 15 El presidente de la Republica Lázaro Cárdenas del Rió lo recibe en Palacio Nacional. Y el club rotario de México le realiza un merecido homenaje

Mayo 16 En Zitacuaro el ayuntamiento lo nombra "Hijo Predilecto de esta probación"

El presidente Cárdenas ordena su alta en la escuela militar de aviación en oficio Num. 18434 ingresando como subteniente Auxiliar de Caballería. Iniciando con esto su andar por la Milicia.

Junio 17 Primer revés en la milicia, el Director de la Escuela Militar de Aviación Fernando Proal Pardo en oficio asienta que Miguel No es Apto para la carrera de Piloto Aviador por tener deficiencia Visual.

Junio 24 Mientras que se aclaraba lo anterior Miguel es ingresado a la escuela militar solo como Oyente. Se notaba que los militares a quien correspondían los trámites para ingresar a Miguel harían todo lo posible por lograr que desistiera.

Septiembre 30 El director Fernando Proal en nuevo oficio mencionaba que por ser curable su problema visual no era impedimento para que estudiara la carrera de piloto aviador, y fue por fin matriculado con el

numero 263296 y ahora si a luchar contra todo en la burocracia militar.

Octubre 23 Levantan acta de desobediencia Al subteniente Miguel por aterrizar en Zitacuaro, y le envía un telegrama al presidente Cárdenas solicitando su ayuda. Donde pedía que no se le coartara la libertad de aprender. Irtecediendo a su Favor el presidente.

1937 Agosto-Diciembre Sirve en los talleres Generales de construcciones aeronáuticas, en el departamento de ensamblaje como sargento segundo Mecánico.

1938 Marzo 10 Realiza su tesis y se recibe como Teniente piloto Aviador.

Mayo 19 Fue enviado a San Luís Potosí a cooperar en la sofocación de la Rebelión Cedillista incorporando a su matriz el 5 de junio siguiente.

1939 Enero 16 Es ascendido a Capitán Segundo Piloto Aviador por meritos en la campaña contra la Rebelión Cedillista.

Dic 15 Recibe nombramiento como Jefe del Campo de Aviación de Nuevo Laredo, Tamaulipas.

1940—Es comisionado a la Escuela Militar de Aviación como instructor de prácticas de Vuelo.

1943 Julio 11 Recibe la presea Emilio Carranza por haber cumplido 10,000 hrs. de vuelo efectivo tomando en cuenta su primer vuelo realizado en su pinocho el 14 de Mayo de 1936 y su vuelo del día 11 de Julio de 1943.

1944 Oct. 1° Es dado de Baja como Instructor de vuelo en la EMA y alta en el Escuadrón 203 de la Paz Baja California Sur. A partir de esta fecha su misión consistía en dar patrullaje de protección aérea a barcos nacionales y extranjeros contra ataques del enemigo durante la segunda Guerra Mundial.

1946 Nov 1° Se le otorga la licencia ilimitada para separarse

del servicio activo de las armas y dedicarse a sus asuntos particulares.

1952 Dic 1° Reingresa de nuevo al servicio activo de las armas.

1953 Marzo 5 Fue nombrado Comandante del Campo militar de aviación de San Lucas Baja California Sur.

1953 Junio 1° Nombrado oficial de operaciones de la Base Aérea Militar de Ensenada B.C.S. cubriendo una vacante.

1953 Nov.20 Fue ascendido al grado de Capitán 1° Piloto aviador.

1954 Mayo 21 Causo baja de la Base Militar de Ensenada y alta en la planta de 4° Grupo aéreo destacamentado en Mérida Yucatán. Pero esta orden fue nulificada. Gracias a la intervención del Coronel Eduardo Aldasoro Suárez y se mantuvo en esta misma base.

1955 Nov.4 Miguel envía oficio pidiendo se le conceda autorización para cambiar su residencia a La Paz argumentando la mala salud de su esposa e hijos, no existiendo ningún inconveniente por parte del Jefe de la FAM y logra su objetivo en enero de 1956.

1957 Abril 12 Miguel Carrillo fue excluido de la promoción General 1956, para ascensos debido a que no cumplía con el tiempo de servicios por haber ingresado sin los estudios previos.

1958 Abril 3 El secretario de la Defensa Nacional le expidió su patente de Capitán 1° Piloto Aviador.

1965 Junio 16 Muere en Santa Rosalía Baja California a los 56 años de edad ya que solo faltaban unas tres semanas para que cumpliera 57 años, victima de Cáncer Broncogénico.

Junio 17 Es sepultado con honores, en el Panteón de los Sanjuanes, de la Paz Baja California Sur. En la tumba numero 12141.

APENDICES

1
Legado invaluable de Miguel Carrillo: Dinastía Pinocho´s

Para cualquier persona en este espacio mundano las mayores ambiciones son el poder y el dinero, pero para personas como Miguel Carrillo Ayala su prioridad siempre fue trascender por algo bueno y así lo logro hacer con todo lo que dejo plasmado en su historia, pero el legado más grande que dejo fue su familia. Delia la mayor de todos, vive en Los Ángeles California, trabaja como asistente de maestro en Los Ángeles Unifield School District, como traductor e interprete, Miguel Capitán piloto Aviador retirado, Miembro fundador del Club de Motociclismo Harley Davidson de La Paz y coleccionista de autos clásicos, y en cuyos concursos ha ganado primeros lugares, Avelino Mecánico ya fallecido radicado en Cabo San Lucas, Bernardo Mecánico también radicado en Cabo San Lucas, Alicia radicada en La Paz,

Daniel Arquitecto, Estrella dueña de una agencia de viajes llamada Canipole, en la Paz, Carlos el hijo menor es Ingeniero Agrónomo.

Escudería Pinochos Racing.

153

Es importante mencionar que a pesar de que falleció Avelino los hijos de el siguen la tradición de la mecánica y Avelino hijo participa en la carrera Cabo 250 con el equipo colosaubrios racing; además es coordinador del Wide open cabo, así como también Bernardo y sus hijos tienen su propia escudería "pinochos racing" y además participan en los eventos de carreras de vehículos todo terreno. Es notable como la huella de Miguel Carrillo pinocho sigue y seguirá marcándose en diversos ámbitos como el motociclismo, automovilismo, y en la aviación por que sus raíces siguen vivas en todos sus descendientes heredando el gusto por la mecánica y de las carreras lo heredaron también de el solo que para pinocho su pista eran las calles del pintoresco Zitacuaro cuando en su carrito de pedales con motor de una motocicleta vieja pasaba cual piloto de formula 1 ante el asombro de los pobladores.

Miembros de Pinochos Racing.

Dinastía Pinocho´s:
Pinocho II

Miguel Carrillo Maya, conocido en la península como "Pinocho II", nació el 27 de Junio de 1939, Capitán piloto aviador, el hijo varón mayor fue instruido por el mismo y también le dio las bases para aprender mecánica de aviación, estudio después en Guadalajara y en Ciudad de México terminando su carrera de Piloto Aviador después como su padre, el también fue instructor de vuelo y formo a muchos jóvenes pilotos, trabajo en varias líneas aéreas comerciales, así como en los 80´s fue capitán piloto aviador de los Jets D-C-9 en las rutas nacionales e internacionales, después se retiro y fundo el primer club de Motociclistas Harley Davidson de la Paz así como su labor en la colección de autos clásicos, donde además ha sido ganador de primeros lugares en los concursos de este tipo. Pinocho II, menciona como anécdota que "Pinocho I", cuando el era pequeño lo acompañaba en avión a la Paz ahí se encontraba con sus amigos y se iban a conbeber y lógico se ponían hasta atrás, ya para regresar le decía hijo ya vamonos a casa que era en San Lucas, tu piloteas y se lo llevaba costeando, y a quien no nos paso eso la única diferencia que acá no pasaba uno de darle un llegue o un rayón a la carcacha pero para Pinocho II era que si fallaba se estrellaban, menciona que cuando llegaban a San Lucas les encendían mecheros para iluminarles la pista para que aterrizaran el se bajaba y Pinocho I se quedaba en el avión dormido. Así fue como tuvo que servir Pinocho II a su padre como el conductor resignado, perdón conductor designado, a que pues piloto designado…

Pinocho II y Pinocho IV en la graduación de este último.
Foto: Miguel Carrillo Esliman.

"Pinocho III":

Su nombre Miguel Carrillo Martínez, nieto de Miguel Carrillo Ayala al igual que su abuelo y su padre heredo el amor a la aviación pues con tan buenos maestros hubiera sido una lastima desperdiciar tan grande oportunidad, las bases para su instrucción las recibió de forma directa de su padre Miguel Carrillo Maya y de forma indirecta de su abuelo.

Extracto de una entrevista realizada a Miguel Carrillo III por el profesor Sergio Rojas de Zitacuaro:

Las bases para que yo aprendiera a volar, las recibí de manera directa de mi padre y de manera indirecta de mi abuelo. Mi padre, Miguel Carrillo Maya, compró un avioncito, después de hacerle varias modificaciones y de realizar vuelos en los que yo lo acompañaba poniendo atención en todo, un día me dijo: ¿Quieres aprender a volar?.Sí, le dije pues vamos a volarlo; después de hacer el plan de vuelo y sentado junto a él frente al tablero me dijo: ¡ponlo en posición!, y lo puse en la pista, ya lo había visto realizar estas maniobras muchas veces, por lo que no se me dificultó mucho, después dijo ¡Despégalo! Y acelerando el motor al máximo empecé a subir y a subir. Vamos en el aire me decía, ¡súbelo más !, ¡bájalo!, ¡vira a la derecha!, ¡vira a la izquierda!, ¡muy bien! Después de mucho rato de emocionante vuelo me dijo, ¡Aterrízalo!. Enfilé hacia la pista y siguiendo al pie de la letra sus instrucciones, aunque con mucho miedo, hice mi primer aterrizaje. La emoción me hizo llorar y para completar me dijo mi papá, bienvenido a la aviación, tienes el don, nomás échale ganas. ¡Fue el momento más bello de mi vida.!

Pinocho III, Miguel Carrillo Martínez en la cabina del Jet.
Foto Miguel Carrillo Martínez.

Yo hice mi carrera en Chihuahua, la terminé en 1985. En esa época había dos buenas escuelas de aeronáutica a nivel nacional: El Centro Internacional de Adiestramiento Aeronáutico que, está en la ciudad de México y la Leo López Talamantes en Chihuahua, ahí estudié yo. Don Leo fue también uno de los forjadores de la aviación nacional, se conocía con mi abuelo y también estaba medio loco; como dice el dicho: Dios los cría y ellos se juntan, juntos disfrutaron de muchas francachelas y siempre que por alguna razón lo hacían enojar, sacaba la fusca y decía ¡ Órale cabrones aquí está su mero padre¡. ¡Y al que no le guste, a las pruebas me remito! Pero nomás eran puros gritos y fanfarronadas, no pasaba nada, era puro hablador.

Empecé a volar en 1988 en la empresa "Trasporte Aéreo Federal" que era la que movía todos los aviones federales, de ahí me brinqué a "Aviación del Norest" en Sonora, luego me fui a "Aerocalifornia" en la que estuve catorce años hasta el 2006 año en que cerró; después me fui a volar a Tijuana en "A volar" finalmente fui piloto de Mexicana Link que recién cerró; ninguna empresa me va a cortar las alas, todavía me falta mucho por volar, el día que yo lo decida ese día será.

Actualmente Pinocho III se encuentra radicando en Panamá trabajando para la línea Aérea Copa Airlines.

¿Cómo influyó en tu carrera ser nieto del Pinocho?

Al principio es como una lápida bastante pesada, simplemente con que te conozcan como el nieto del Pinocho, que te pregunten ¿quién fue tu abuelo?. Arriba estaba mi padre y más arriba mi abuelo y tienes que tratar de ponerte al nivel de ellos, Mi héroe siempre ha sido mi abuelo, pero también está lo que ha hecho mi padre estoy muy orgulloso de ellos.

Y aquí vengo pisando fuerte para dejar también mi huella, porque adelante ya están marcadas la huella mediana y la huella grande, tengo que hacerle honor a Los Pinochos y. ¡Sabes qué?

Los Pinochos todavía no se acaban, mi hijo Miguel Carrillo Eslimán, bisnieto del Pinocho, viene pujando, ya estoy pensando en qué escuela haga su carrera de piloto, lo trae en la sangre; ya le hizo mi papá una prueba en un simulador y salió bien, dijo: Ni preguntes, me dijo, va pa´ la escuela de aviación. Le ha servido desarmar y armar motos con mi papá, así ha aprendido mecánica. ¡Seguimos Los Pinochos!, ¡Aquí estamos todavía!

Por eso que no nos sorprenda que de repente aparezca el Pinocho IV que ya esta en camino y como tiene maestros propios y de gran calidad será todo en uno por que es el mejor ejemplo de trascender en la vida con el ejemplo.

Pinocho III y Pinocho IV en el aeropuerto.
Foto: Miguel Carrillo Esliman.

"Pinocho IV"

Su nombre Miguel Carrillo Esliman, bisnieto, el cuarto en la línea de los pinochos, curso preescolar en el Jardín de Niños del Valle, la primaria y secundaria en el Colegio Anahuac de la Paz, se encuentra actualmente estudiando en el Cobach (Colegio de Bachilleres) plantel 11, de Baja California Sur en una platica que sostuve con el menciono como desde pequeño le contaron la historia de su bisabuelo del que se siente muy orgulloso, así como también de su abuelo y su padre que han seguido los mismos pasos y que el seguirá ya que en breve ingresara a estudiar para piloto aviador.

Su abuelo Miguel ya le hizo pruebas en un simulador de vuelo, mencionando sin pensarlo que va para piloto, además le ha servido de mucho que sus ratos libres los pasa con su abuelo con el que arma y desarma los motores de motocicletas, con lo que ha aprendido mucho sobre mecánica y menciona sentirse muy orgulloso de pertenecer a esta gran dinastía y que no los defraudara.

También es bueno mencionar que una de sus nietas hija de Daniel Carrillo Maya ya esta buscando su ingreso al Colegio del aire mencionando que seguirá los pasos de su abuelo que es su ídolo por siempre. Como podemos ver no solo en los varones se heredo el gusto por la aviación también las damas lo traen en la sangre.

Seguramente Miguel Carrillo Pinocho desde el aeropuerto del creador vigila sigilosamente a sus pupilos, y siempre esta al tanto de lo que hacen por que ha volado y seguirá volando siempre al lado de ellos como el más fiel copiloto marcándoles el horizonte que deben seguir por la vida...

Dinastía Pinocho´s. Foto: Sergio Rojas.

2
Bitácora del Avión Pinocho:

Quizás en esta historia hemos tocado profundamente la voluntad de Volar de Miguel Carrillo Ayala, pero debemos voltear también a ver la historia propia de su avión pinocho, tal cual Don Quijote con su Sancho Panza, Gepetto con su pinocho, que uno sin otro no hubiera sido nada, es por eso que hago esta reflexión para poner en claro, todo lo que ocurrió también con este armatostito que paso a la historia como el más humilde lacayo

deseando algún día poder residir en el Gran palacio de la Aviación Mexicana y por meritos propios y de su constructor ahora esta suspendido en lo alto de la sala No. 18 del Histórico Museo Cuartel Colorado en Guadalajara Jalisco.

Previo a realizar su primer vuelo de Morelia a Zitacuaro el pinocho realizo su primer viaje; más no vuelo, en la plataforma del ferrocarril de Zitacuaro a Maravatio y de ahí a Morelia, nada digno para un avión que su lugar esta en el viento, tocando las alturas y no dependiendo de una maquina de vapor para llegar a su destino. De Morelia regreso el pinocho a Zitacuaro pero ahora demostrando que había sido construido para desafiar al viento, a la

gravedad pero sobre todo a todos los incrédulos de poca fe que se habían burlado de su constructor. Al aterrizar en Zitacuaro sufrió daños en un ala y el tren de aterrizaje, pero después fue reparado y estuvo listo tal cual atleta que busca coronarse en lo más alto de su competencia.

El pinocho en Balbuena 14 de Mayo de 1936. Foto: Revista Palomilla.

Después de Volar de Zitacuaro a Cd. De México el avión Pinocho estuvo en la única pista de aterrizaje que había en Balbuena, hasta que fue llevado a un hangar de este aeropuerto, al momento de trasladarlo los militares lo tomaron por la parte trasera con lo cual el avión

se lastimo de la nariz, ya en el hangar fue colocado para exhibirlo y que todos los capitalinos y mexicanos que desearan verlo admiraran a este pequeño pero imponente avioncito. Además de salir publicado en todos los diarios capitalinos de la época. En Junio salio

161

publicada su imagen junto a la de su creador en la Revista infantil Palomilla, de la Secretaria de Educación Publica y que fue el No.3 de esta publicación, que su objetivo era mostrar la hazaña de Miguel Carrillo como una muestra de carácter digna de Emulación y encomio. Mencionando que esto sirviera como ejemplo para las nuevas generaciones.

Para el gobierno mexicano, el hecho debería ser manejado con discreción ya que aun estaban vigentes los Tratados de Bucareli, en que México se comprometió con el gobierno estadounidense a no desarrollar tecnología ni investigación en ciertas áreas de la industria entre ellas la aviación. Esto podría haber traído problemas internacionales, fue debido a esto que el avión quedo un tiempo resguardado en el hangar número 2 del aeropuerto central ahora aeropuerto internacional de la Ciudad de México.

La historia del avión y su creador fue almacenada y por que no decirlo ocultada por conveniencia gubernamental durante varios años y prueba de esto lo publicado por el periodista del Impacto, Fernando Jordán Juárez en su libro Mar Roxo de Cortes en el cual dedica un capitulo a Pinocho, y menciona haber solicitado permiso al estado mayor aéreo de la secretaria de la Defensa en 1950, para retratar el avión lo cual le fue negado. Pareciera que desde ese entonces quisiera ocultarse el hecho en parte y en su momento por los tratados de Bucareli y más aun por la poca aceptación que tuvieron desde entonces los altos mandos del Ejército hacia Miguel y su pinocho.

Del hangar de aeropuerto fue llevado y exhibido en el Museo Nacional de Aviación Civil, ahí duro mucho tiempo era una gran atracción para la gente que lo veía y que más se sorprendía de su historia, menciona don Angel Jalili Lira músico reconocido originario de Zitacuaro que en esa época el estaba buscando trabajo en la Ciudad de México y por coincidencia fue a dar con el avioncito, para el fue una gran satisfacción volver a ver la creación de Miguel Carrillo Ayala. Mencionando que ese momento sigue vivo en su memoria a pesar de que fue hace más de 50 años.

Avión pinocho museo de Aviación 1990. En San Lázaro.
Foto Revista Escala.

Después fue llevado a la sala del Museo de Aviación que estaba en San Lázaro, ahí se exhibió durante un buen tiempo, era objeto de admiración para los visitantes que escuchaban y leían la condiciones y forma en que fue construido. En estas fotos se precia claramente el parche que le fue colocado en la cara lateral derecha de la nariz para cubrir el daño que sufrió al ser llevado hacia el hangar el día que aterrizo Miguel en Balbuena.

El pinocho en acercamiento museo militar de Aviación en San Lázaro.
Foto: Revista Escala.

En 1990 el avioncito pinocho fue llevado a la explanada del Centro Nacional SCT, donde formo parte de la "Expocentenario: 100 años comunicando a México", que albergaba a más de 450 expositores divididos en 9 áreas y que fue una recopilación histórica que presento de manera muy practica, didáctica y por demás divertida el desarrollo que habían tenido hasta ese momento las comunicaciones y los transportes.

Antiguas locomotoras, maquetas con replicas de trenes a escala en movimiento, entretenían a muchos de los niños que visitaron en área destinada a los ferrocarriles. Modernos autobuses de pasajeros eran abordados por los visitantes, pero toda la ovación se la llevo el Avioncito hecho a mano por pinocho, la gente comentaba que como era posible que en este avioncito tan pequeño Miguel hubiera volado.

Terminado la exposición fue regresado al museo de San Lázaro pero cuando se construyo la estación del Metro en ese lugar, fue trasladado a un almacén del aeropuerto Internacional.

El pinocho en un almacén del aeropuerto internacional de la Ciudad de
México. En total descuido la creación de aquel niño soñador que logro
consumar sus sueños. Foto: Aviación Mexicana

Ahí se fue deteriorando poco a poco, alguien le quitó las alas de madera que tenia, las llantas las tenia desinfladas, compartía el espacio con viejas partes de aviones, preso sin juicio, pero sabido que un día seria liberado y llegaría a ocupar el lugar que le correspondía. Y se repetía la ya tan trillada costumbre en nuestro país de menospreciar lo hecho en México, como si a su constructor no le hubiera costado trabajo y tiempo de vida para construirlo.

Cuartel Colorado Museo aloja el Museo del Ejército y la Fuerza Aérea Mexicana.

Afortunadamente cuando los soldaditos de plomo de la Fuerza Aérea Mexicana se enteraron de que Pinocho estaba escondido por los rincones entre la escoba y el recogedor, como la pobre muñeca fea, decidieron rescatarlo y lo invitaron a vivir a su casa, decidieron darle una manita de gato con una nueva capa de pintura y le quitaron el hollín de la nariz.

Cuartel Colorado con el toque del Porfirismo.

El cuartel colorado fue construido en la época del porfirismo y corrió a cargo del Ingeniero Antonio Aeroniz, en el periodo de 1903 a 1905, específicamente para alojar tropas y fue inaugurado durante por el mismo Presidente Porfirio Díaz.

A lo largo de su historia este edificio ha sido ocupado por diversas unidades del Ejército, siendo la Escuela Militar de Clases de Transmisiones, la última en permanecer hasta principios del año 1998, para ser reubicada y dar inicio a los trabajos para su remodelación.

Fachada Principal Museo Cuartel Colorado, en Valentín Gómez Farias #600, Guadalajara Jalisco.

El Cuartel Colorado fue inaugurado como Museo del Ejercito y de la Fuerza Aérea Mexicana en la Ciudad de Guadalajara Jalisco el 12 de Junio 1999 ahí fue llevado y colocado el "Pinocho" en la sala No. 18 suspendido de tensores de acero en lo alto de la sala sintiéndose como pez en el agua o más bien dicho como avión en el viento, deseoso de emprender el vuelo hasta el panteón Sanjuanes de la Paz Baja California Sur y realizar su ultima escala aterrizando en la tumba de su creador Miguel Carrillo Ayala el "Pinocho", para de nuevo seguir viviendo grandes aventuras en el horizonte celestial.

El pinocho Museo de la Fuerza Aérea Mexicana "Cuartel Colorado"
Guadalajara Jalisco. Fue restaurado por los alumnos del colegio del aire.
Foto: Andrés Hernández.

El pinocho sigue hasta la fecha exhibido en el Cuartel Colorado, siendo objeto de admiración y sensación de todos los grupos de niños y personas que vistan el museo. Es importante hacer notar que en su estancia actual es notable como en la nariz del avión parece habérsele colocado otra sobre la antigua ya que se nota como esta encimada.

Vista lateral derecha del "Pinocho" en su ubicación actual,
Cuartel Colorado.
Foto: Andrés Hernández.

Es importante mencionar que previo a ser llevado al Museo Cuartel colorado el avioncito estuvo en Zitacuaro para conmemorar el centenario de la Feria.

El Pinocho en la Presidencia Municipal de Zitacuaro Michoacán fue traído
para conmemorar el centenario de la feria Zitacuaro.
Foto: Moisés Guzmán.

En Febrero de 1998 fue llevado a la Ciudad donde fue construido, Zitacuaro Michoacán, siendo exhibido en el interior de la Presidencia Municipal, después de 62 años que había despegado de aquí, todo Zitacuaro acudió a verlo, allá estuvimos para admirar al gran armatostito recibiéndolo como el hijo prodigo que salio de su casa y más tarde regreso.

170

El "Pinocho" de frente en Zitacuaro a su costado la hélice
que fue labrada y no se le coloco.
Foto José Maria Ramírez.

Es importante mencionar que esa ocasión también fue exhibida la hélice que fabricaron ellos mismos la cual fue colocada a un costado del avión, ya que tiene un significado muy grande por que aunque no se utilizo, nos muestra como Miguel y sus amigos querían de alguna manera que todo lo referente al avión se construyera aquí mismo.

171

Vista posterior del "Pinocho" en Zitacuaro.
Foto: José Maria Ramírez.

Fue un gran acontecimiento y un fabulosos regalo para todos nosotros los pobladores de la región oriente de Michoacán, dándole un toque especial a la celebración de los festejos por el centenario de la Feria de Zitacuaro.

El avioncito fue traído para conmemorar
el Centenario de la Feria de Zitacuaro.
Foto: José Maria Ramírez.

Se observa en las fotos como toda la gente que paso a verlo se detenían con mucha atención a observarlo desde los cuatro puntos cardinales del pasillo de la presidencia municipal.

173

La gente de la actualidad también quedaba sorprendida con el armatostito.
Foto José Maria Ramírez.

Toda la gente que acudió a verlo se retiraba muy satisfecha de ver aunque fuera por un pequeño momento este símbolo de la historia de la aviación mundial.

Se despedía el "Pinocho" de Zitacuaro con la ilusión de regresar algún día
de nuevo a Michoacán pero no en un carro de mudanzas sino volando como
regresa la monarca; con sus alas propias.
Foto: Omar Gutiérrez.

3
Publicaciones, Expocisiones, y cosas desconocidas sobre
Miguel y su Pinocho

Desde 1936 en que realizo su vuelo Miguel Carrillo Ayala el "pinocho" fue objeto de comentario desde los principales diarios capitalinos, el Universal, La Prensa, Excelsior, el Nacional entre otros que cubrieron el acontecimiento, en junio de 1936 una revista infantil llamada Palomilla en su numero 3, publicada por la SEP, en un pequeño articulo titulado "El aviador Carrillo y su avión Pinocho" publicado en su sección de Vidas Ejemplares mencionaba la historia de Miguel como ejemplo para los niños como una vida ejemplar.

Pasando por Cuerpos aeronáuticos de otros países, como en el de Perú, narrándolo como sigue: "México.- Hazaña de un aviador mexicano a bordo de un aeroplano diminuto construido por el mismo joven Miguel Carrillo utilizó el motor de un camión ford, el cual desarrolla 35 caballos de fuerza, este motor había sido usado en viajes terrestres por más de 50,000 km." Esto fue publicado en 1936.

El departamento de aeronáutica Civil de México en su publicación de Noviembre de 1944 a Enero de 1945 se refirió al vuelo de Miguel en 1936 y el que le hizo acreedor a la presea Emilio Carranza por cumplir 10, 000 hrs. de vuelo efectivas, realizado el 11 de Julio de 1943.

El famoso calendario del más antiguo Galván, en sus efemérides de Mayo de 1936, así lo plasmo: "14.- Aterriza en México, procedente de Zitacuaro el avión Pinocho, construido con piezas y motor de un automóvil viejo. Esto fue publicado en 1950. Como es sabido esta publicación llegaba y sigue llegando en la actualidad a mucha gente de todos los estratos económicos hasta campesinos. Aquí es importante mencionar lo que Miguel Carrillo contesto a un diario de la Capital cuando aterrizo "Vengo de Agostitlan, población aledaña a Zitacuaro Michoacán, mi pueblo natal, soy agricultor pero siempre me gustaba hacer inventos mecánicos y me interesa

mucho la aviación" Como vemos Miguel les regalo esta hazaña también a mucha gente humilde campesinos a los que llego esta publicación.

El gran Periodista del Diario Impacto Fernando Jordán dedico un Capitulo muy completo de su obra Mar Roxo de Cortes a su gran amigo "pinocho" y con este apodo lo titulo haciendo un análisis muy completo de la vida del aguilucho hasta ese momento y fue tanta su admiración hacia pinocho que pidió ser sepultado junto a el en el panteón Sanjuanes. Y así le fue concedido, quizás Jordán en el fondo deseaba irse junto pinocho por que era de su misma estirpe para seguir haciendo "locuras" en el más allá.

En las autobiografías de grandes aguiluchos mexicanos como lo es Roberto Fierro Villalobos, quien fue condecorado en la Fuerza Aérea Estadounidense por sus grandes records, titulada "Esta es mi vida", se refirió así a Miguel: "Otro inventor Mexicano, también apasionado por la aviación fue Miguel Carrillo, Pinocho, como le decíamos, quien con escasos recursos y conocimientos, pero si con mucho entusiasmo y dedicación, construyo rudimentariamente un avioncito al que instalo un motor de automóvil ford de cuatro cilindros en el que voló con éxito de Zitacuaro Michoacán a la Ciudad de México. Cabe hacer notar que nuestro Pinocho jamás había volado, ni tampoco poseía experiencia como constructor de aviones. En premio a su hazaña le fueron dispensados los estudios preeliminares para ingresar a la Escuela de Aviación militar, en donde llego a destacar y llegar a ser Capitán 1° PA" Como ya se menciono Fierro fue quien obsequio algunos piezas a Miguel para su Pinocho. Y este gran conocedor e histórico piloto se refería a Miguel de una forma de una forma admirable además se refería a el como algo muy suyo denotando el orgullo que sentía por el. Esta publicación fue realizada por Fierro en 1964.

La revista Tiempo en 1965 publico lo siguiente: "En la Base Aérea No 5 de Zapopan, la Secretaria de la Defensa Nacional (SDN) y la Fuerza Aérea Mexicana (FAM) conmemoraron el Aniversario de la Fundación de la Escuela Nacional de Aviación (ENA), que actualmente es Escuela Militar de Aviación (EMA) y forma parte del Colegio del Aire (CA).

Recordaron a los pilotos que emprendieron al halo de las hélices, que marcaron primero su preparación profesional y después su actuación como pilotos aviadores.

Reunidos los graduados entonces y los del ultimo egreso, recordamos las antiguas hazañas y rindió tributo a los precursores de la aviación militar: el ingeniero Villasana, Juan Pablo y Eduardo Aldasoro, Alberto y Gustavo Salinas Carranza, Miguel Carrillo Ayala el Pinocho, Antonio Zea, Ángel S. Calvo y otros no se ha perdido." Esto sucedió el 15 de Noviembre de 1965. Es importante recordar que Miguel había sido durante buen tiempo instructor de practicas de vuelo de esta institución y aquí era mencionado con los más grandes precursores de la Fuerza Aerea Mexicana un lugar bien merecido, además hacia pocos meses que había fallecido en Santa Rosalía.

Una publicación en caricatura titulado "El avión de madera" de la serie semanal llamada "mini aventuras" el numero 67 editado por EDAR (Editorial Argumentos S. A.) con un toque especial y gracioso del tema y que al final de la historia cerraba diciendo "Esta es una historia de ficción". Esto me hace pensar que el escritor ni creyó y a mi juicio así me pareció cuando mi abuela me lo contó por un momento creí que era una leyenda de mi pueblo. El argumento estuvo a cargo de Daniel Muñoz quien fuera también el creador del comic del pantera que después se plasmaría en una serie de una conocida televisora de nuestro país y el dibujo por Roberto Ávila con la colaboración de José Luís H. C. Esta publicación para mi es una reliquia pues esta a punto de cumplir 50 años de haber sido publicado pero más aun por el contenido que hace referencia a la historia de este aguilucho mexicano.

Una de la publicaciones de más trascendencia en la historia de Miguel Carrillo y su Pinocho fue la que con motivo de la Exposición Internacional de vuelo realizada en las Vegas, del 27 al 30 de Abril de 1967, como parte de la Conferencia General de Aviación, como parte de la Feria Mundial de Montreal 67, publico la revista sobre aviación con más prestigio en el mundo, Flihgt, en su volumen 56 paginas 83 y 84 se refirió a la historia de Miguel Carrillo en un articulo en ingles que llevo por titulo :"Small airplane bellow is Miguel Ayala´s home-built "Pinocho" with 4 cylinder ford auto engine".

Aquí un extracto del mismo: "Mexico's colourful air pioneering. There is still a certain amount of helter skelter in the exhibition, but Mexico's great moments in the air are there to satisfy the inquisitive national or foreign visitor. There is a fairly comprehensive report on Miguel Carrillo Ayala, pioneer flying adventurer who glued together a small wooden craft used galvanized wire and silver painted cotton cloth used in Mexico from the early days to the present time, for wings, and installed a four cylinder motor from and old Ford. The motor was water cooled via a radiator jutting out from the fuselaje about 4.5 feet. 1936, Ayala made a non-stop flight from Zitacuaro, Michoacan. In this incredible machine in impulsed Flying

from Zitacuaro, Michoacan to Mexico city without incident. But the records do not indicate the speed or time in the air of this flight, or what became of Ayala later.

En esta expo no fue la excepción y el articulo así lo refería diciendo que los grandes momentos de los pioneros del aire en México y el avión pinocho daban muestra una vez más del Colorido del sarape mexicano y seguían ahí para satisfacer a visitantes curiosos y extranjeros.

También algo de lo más rescatable la sesión ordinaria de la Cámara de Diputados, legislatura XLIX, el 23 de Octubre de 1973 siendo presidente de la Cámara el Licenciado Carlos Sansores Pérez al cual pidió la palabra el Diputado Feliciano Calzada Padrón para hacer un comentario del Día de la Aviacón que se celebraba ese día ya autorizado el diputado abordo el tema de la aviación en México desde sus inicios y hasta el estado actual a esa fecha, hablando de todos los pioneros de la aviación en nuestro país mencionando a Roberto Fierro Villalobos, Emilio Carranza y Fracisco Sarabia con sus vuelo respectivos, que les dieron inmortalidad en la historia de la aviación mexicana, pero a Miguel lo mencionaba por separado de la siguiente manera:

"Entre los ejemplos notables, destaca sobresalientemente el del chofer Miguel Carrillo Ayala, que en 1935 fabrica un avión de manufactura casera, basado en los planos publicados en una revista de la época, al que le instaló un motor de camión Ford de 4 cilindros, modelo 1930; tras una previa práctica en su ciudad natal, Zitácuaro, Mich., se eleva por los aires en busca de la ciudad de México y aterriza sin novedad en el Aeropuerto Central" Agregando que fue la época romántica de la aviación en México". Es bueno hacer mención que para estas fechas ya había vencido la vigencia de los tratados de Bucareli, firmados en 1923 por Álvaro Obregón y por fin se hablaba abiertamente en un recinto oficial de la figura de Miguel Carrillo.

La Secretaria de Comunicaciones y Transportes, en 1974 publico el hecho mencionando que el avión fue construido con maderas michoacanas. No era de esperarse su inclusión en las publicaciones de Agostitlan, Tuxpan y Zitacuaro, así en 1978 Jesús Teja Andrade hablo del tema en la monografía municipal de Zitacuaro editada por el Gobierno del Estado y Roberto López Maya hizo lo mismo en su Monografía del Municipio de Tuxpan.

En su tierra adoptiva Baja California Sur se incluye a Miguel Carrillo en una publicación junto a los más destacados Sudcalifornianos llamada Forjadores de Baja California, obra de Carlos Domínguez Tapia en 1980, y en la crónica Estatal de este estado le realizaron un homenaje en 1990 celebrando el cincuentenario de su arribo a estas tierras que después lo acogerían en su suelo, esto estuvo a cargo de la Maestra Mercedes acuña Peralta. No era de esperarse ver publicada su hazaña en las revistas de empresas de Aviación como Aeromexico, en la revista de a bordo publicada en Enero de 1990 se incluyo un excelente articulo que estuvo a cargo de la escritora Adriana Navarro titulado "El avión de Pinocho" y Mexicana de Aviación con otro muy completo Articulo.

La revista época lo incluyo en la publicación realizada respecto de la "Expocentenario 100 años comunicando a México realizada por la SCT, en esta publicación se referían a el como un sastre michoacano refiriéndose así por que había utilizado manta para el fuselaje de su avión y así cada quien hablaba de el como mecánico, chofer, taxista, fotógrafo, y demás ya que en verdad fueron muy variadas sus actividades y la hizo de "milusos" para lograr sus sueños.

Fue mencionado por Verónica Oikion Solano en uno de los libros más importantes sobre artesanías "Manufacturas de Michoacán" dándole el lugar de Artesano Michoacano por haber construido a mano su avión de madera.

Para 2001 José Eduardo Aguirre hablo de esto también en su libro Rosendas de Michoacán publicado por el Instituto Michoacano de Cultura, en este mismo año Nazaria Moreno Macias y Juan Carlos Catalán publicaron su obra "Pindekua Historia y Cultura Popular de los Pueblos Michoacanos el contenido se refería a los hechos y personajes poniendo como respuestas varias opciones pero subrayando la correcta.

En 2003 un anecdotario Sudcaliforniano llamado el Corral Viejo narra lo vivido por el autor Emilio Arce sobre las historias que el mismo pinocho de viva voz les contaba, cuando el autor era pequeño.

En 2006 la UNAM publico el libro Poder publico y Privado, gobierno, empresarios y empresas, 1880-1980, es este libro se pone de ejemplo la hazaña de pinocho pero menciona que aun con esto no se motivo la creación de ninguna compañía fabricante de aviones que era el objetivo que mostraba pinocho en su tesis al terminar la carrera de piloto aviador pero que no fue escuchado por sus superiores y de quienes dependía esto.

Para 1997 Juan José Díaz Infante/ Fernando Garay y Lilia Soto realizaron un

guión para largometraje en el Festival de cine de San Miguel de Allende tocando la historia de una manera Tragicómica, y este guión fue galardonado con Mención honorífica pero hasta el momento no se ha concretado su producción como si el fantasma de ocultar esta historia siguiera latente hasta nuestros días.

En 2003 la revista Tierra Adentro de la Conaculta dedico un numero doble a la historia de la aviación que contiene datos poco conocidos sobre los inicios de la aviación y el Dr. Moisés Guzmán Pérez participo con un articulo sobre Miguel Carrillo "Pinocho". El es el autor del libro "pinocho" una pagina en la historia de la aviación mexicana.

Existe un proyecto para construcción de un aeródromo en Zitacuaro Michoacán, llamado aeródromo "El Pinocho" iniciativa del empresario Enrique Zepeda Morales el cual ha sido suspendida su construcción hasta el momento, anteriormente al inicio de la obra se tenia pensado nombrarlo Leonardo Da Vinci pero por intervención atinada del Ingeniero Arturo Martínez Nateras en 2007 dirigiendo un comunicado al Secretario de la SCT Luís Téllez, al Gobernador Leonel Godoy y al Senador de la Republica Silvano Aureoles Conejo proponiendo cambiar el nombre al aeródromo y con esto dar honra a quien lo merece este Agostitlense Michoacano Miguel Carrillo Ayala "Pinocho".

En el 25 Festival Internacional de Guadalajara realizado en Marzo de 2010 nuevamente se presento un proyecto de largometraje por el Director de Cine y Televisión Luís Eduardo Reyes, llamado Mentiras al aire siendo seleccionado entre los 25 proyectos, para su realización y en la actualidad se encuentra en preproducción.

Un servidor y el Dr. Moisés Guzmán Pérez en Morelia Michoacán.

La intención de realizar este breve análisis sobre todo lo escrito y publicado acerca de nuestro pinocho es solo para mostrarte amigo lector que pinocho y su historia esta por doquiera, desde publicaciones oficiales, periódicos de su época, revistas de prestigio, libros de grandes autores, comics de caricatura, guiones de cine, publicaciones en el extranjero, y en general donde menos pudimos imaginarnos pero todos los que hemos escrito sobre el sentimos la misma emoción y satisfacción de hablar de el, un héroe de carne y hueso que toco los planos de lo ficticio pero que a pesar de ser apodado el pinocho jamás nos mintió, pero lo más importante jamás se mintió a si mismo. Y aprovecho para decirte que la más grande mentira es en la que nosotros mismos vivimos, "por el que dirán", "por que así es la moda y hay que estar al día", "al cabo quién se dará cuenta", al fin que estoy de paso. Se tu mismo, no te mientas queriendo ser lo que no eres, antes bien siéntete orgulloso del lugar que se te otorgo por más humilde que este sea, por que cuando trasciendas en la vida más rica será tu historia.

Grupo Modelismo Estático Morelia entregan el premio Miguel Carrillo Ayala.
Foto: Grupo Modelismo Estático Morelia.

En Morelia existe un grupo de Modelismo Estático dedicados a la construcción de aviones a escala, quienes premian a los mejores modelistas nacionales con el Premio Miguel Carrillo Ayala Pinocho y que dicho reconocimiento es un platón elaborado en Santa Clara del Cobre llevándoselo el modelista que realice el mejor modelo a escala de aviones de la Fuerza Aérea Mexicana, mencionan que el premio se da con el nombre del capitán pinocho como un gesto de admiración hacia el por su hazaña de construir su propio avión y volarlo el mismo, los modelistas que lo han recibido se sienten muy orgullosos de recibirlo por el gran significado que tiene y que lleva el nombre de un personaje tan importante para la aviación nacional.

Premio Miguel Carrillo Ayala un platón de cobre otorgado al modelista que realice el mejor modelo a escala de aviones de la FAM.
Foto: Grupo Modelismo Morelia.

Exposiciones en las que se ha exhibido el pinocho:

En Montreal Canadá fue exhibido en la feria Mundial de 1967, para los asistentes y extranjeros que concurrieron a esta fue la opinión hacia el pinocho como una muestra más del colorido de México al ver el pequeño avioncito, con un aspecto rustico, sus insignias del pinocho y el cacique, le daban la originalidad que solo Miguel Carrillo le pudo dar, y el cual daba un ejemplo de valorar nuestras raíces ancestrales y la esencia de lo que somos como mexicanos. Por que hasta en avión Miguel quiso reflejar nuestra identidad como michoacanos, poniendo una insignia de aquel cacique tarasco.

En 1991 fue exhibido en la explanada del Centro Nacional SCT, fue una de las exposiciones mejor montadas de las ultimas décadas en nuestro país y fue Titulada "Expocentenario: 100 años comunicando a México" el objetivo de tal muestra era presentar de una manera practica, didáctica y por demás divertida del desarrollo que han tenido las comunicaciones y los transportes. Sin duda el avioncito pinocho causo sensación en todos los visitantes que no creían de que manera fue posible que volara desde Zitacuaro hasta la Ciudad de México y en la época que esto había sucedido.

En Tuxpan Michoacán el 6 de Julio de 2008 se realizo un homenaje a Miguel Carrillo Ayala conmemorando el centenario de su natalicio. Iniciando con la inauguración en la Parroquia de Santiago Apóstol de una muestra fotográfica, inaugurada por el Sindico Municipal Juan Ortiz Mejia en nombre del Presidente Municipal estando presentes los regidores, el Ingeniero Arturo Martínez Nateras expresidente del municipio y el Sr. Octavio Zepeda en representación de la familia Zepeda. El Ing. Arturo Martínez hablo un poco sobre la exposición, el material que se reunió y las personas que colaboraron para que se llevará a cabo tal exposición. Por ultimo mencionó que donde no hay historia no hay presente ni futuro, es por tal motivo que se allá recordado a Miguel Carrillo Ayala. A las 5 de la tarde se reunieron en la sala de cabildo ya que se develaría una placa conmemorativa por el presidente acompañado de sus autoridades e invitados especiales, el presidente agradeció al Ingeniero Arturo Martínez Nateras por ser el principal gestor para que se conmemorara esta fecha. Preguntó a los presentes si sabían quién había sido Miguel Carrillo Ayala, no solo aquel personaje quien adoptó el nombre de "Pinocho" sino aquel que voló con el pensamiento y físicamente que logró conquistar espacios e hizo algo inalcanzable que no cualquier hubiera logrado, esto con esfuerzo y gran sacrificio. En su memoria solicitó se dedicara un minuto de silencio al tuxpense que sobresaliera con semejante logro. Continuando con el programa los invitados se trasladaron al descanso de las escaleras en la parte izquierda del palacio municipal donde se encontraba ya colocada la placa que sería develada. Ahí el presidente recorrió las cortinas y entonces los presentes aplaudieron gustosos de esta nueva colocación que honra al pueblo de Tuxpan Michoacán.

Placa develada en Tuxpan Michoacán en honor a Miguel Carrillo.
Foto: Blog Tuxpan Michoacán.

Terminando la develación se ofreció un brindis para los invitados para posteriormente reunirse en el Templo de Santiago Apóstol en donde la Sinfónica de Acapulco hizo presencia por primera vez en el municipio. Entonces comenzó el concierto pasadas las 8 de la noche para lo cual el Templo ya se encontraba abarrotado de gente que esperó con gusto para deleitarse de este bonito y placentero concierto que duro alrededor de una hora y media donde se tocaron temas populares, polkas.

El 6 de Julio de 2009 que para Miguel como ya hemos aclarado el creía que haber nacido en 1909, y es por eso que en su memoria se realizo hasta 2009, una exposición fotográfica en Agostitlan en su honor Titulada "Capitán Miguel Carrillo Ayala "Pinocho" Madera Humana de Agostitlan" realizada por un servidor y en la cual se conmemoraban los 100 años de su natalicio, en esta exposición se hizo notar la hazaña de nuestro paisano el "pinocho" y se mostró como un Ejemplo de la Madera Humana de Agostitlan ya que en este pueblo la fuente de ingreso es la madera pero quise dejar un mensaje a todos los jóvenes y niños de mi pueblo con la reflexión de que existe una madera más valiosa en nuestro pueblo, que son ellos las nuevas generaciones y que sigan el ejemplo de este gran hombre que de la nada se convirtió en héroe nacional y puso en alto el nombre de su querido pueblito de Agostitlan.

Todo inicio a partir del mediodía abarrotándose la plaza principal todos a la espera de la inauguración de esta muestra grafica iniciando con la reseña de la vida y obra del "pinocho" narrada por el promotor del proyecto "pinocho" Dr. Ubaldo Marín Marín.

La gente de Agostitlan atenta a la narración sobre el Capitán "Pinocho"

En un momento emotivo dio su testimonio la Sra. Maria Hinojosa O, hija de Doña Eufemia Olmos quien fue madre de crianza de Miguel al perder a su madre y estuvo a cargo de el hasta la adolescencia.

Sra. Maria Hinojosa Olmos dando su testimonio.

Otro testimonio lo dio la Sra. Isabel Guzmán Carrillo sobrina de Miguel quien dijo sentirse muy orgullosa de su tío. Los acordes estuvieron a cargo de un grupo de cuerdas de la Tenencia tocando música típica de la región y de la época de Miguel Carrillo.

Grupo de Cuerdas animando el evento.

Wendy Bucio Garfias nos deleito con la Balada de los Tochtli, extracto de la primera revista de Aviación en México y que pretendía impulsar el desarrollo de esta en nuestro país. Se presento una poesía dedicada por el Dr. Marin al "pinocho".

La Balada de los Tohtli. Wendy Bucio Garfias.

Se procedió al corte del listón inaugural por el Dr. Ubaldo Marin, Martin Medina A. jefe de tenencia, Pedro Tello Gómez Sindico Municipal del municipio de Hidalgo así como doña Maria Hinojosa Olmos y personas de la tercera edad de Agostitlan, las cuales se encargaron de develar toda la muestra grafica como un gesto de reconocimiento a ellos que vivieron la hazaña que realizo su paisano.

Corte de Listón Inaugural, Dr. Ubaldo Marín,
autoridades y gente de la Tercera Edad.

Al corte del listón el silencio se rompió con un aplauso simultáneo sostenido de todos los asistentes que estaban deseosos de por fin ver a su paisano.

El pueblo aplaudiendo jubilosos por la inauguración.

Apenas se inauguro el evento la gente se concentro en filas interminables para ver a su ídolo "pinocho" y el evento cerro hasta la s 22:00 hrs. sin terminarse la afluencia de visitantes que llegaban hasta de las rancherías más alejadas de la tenencia, con el afán de ver por un momento al gran pinocho y regresar a sus comunidades con un buen sabor de boca y orgullosos de ser paisanos de tan grande ser humano. Nunca antes había sucedido un evento de tal magnitud por lo que quedara marcado en la historia de Agostitlan por siempre.

Apenas dio inicio y ya eran filas interminables,
para ver la muestra fotografica.

Esta muestra fotográfica dejo a la vista la cronología de la vida y obra del personaje desde su infancia hasta su muerte y todo lo que logro hacer para convertirse en el héroe más grande de este pequeño pueblo.

La gente que ya había pasado a verla opinaban satisfechos sobre la muestra.

Ese día el pueblo se congrego para ver la expo en los portales de la tenencia, desde que inicio el evento hubo filas interminables, llegó gente desde las comunidades más alejadas de nuestra tenencia con el afán de ver por un momento al gran pinocho y regresar a sus comunidades con un buen sabor de boca y orgullosos de ser paisanos de tan grande ser humano. Nunca antes había sucedido un evento de tal magnitud por lo que quedara marcado en la historia por siempre.

Con mucha atención se detenían a ver a su paisano.

Para esta muestra mi sobrino Rodolfo Marín Bucio por iniciativa propia y aprovechando su talento decidió hace un dibujo artístico de nuestro capitán Carrillo siendo un trabajo realizado a la perfección, además tenemos contemplado con el realizar una publicación en caricatura de la historia del pinocho para que por medio de la SEP se distribuya como una lectura para todos los alumnos del estado y por que no también para todo nuestro país.

Todo era emoción, alegría y orgullo.

En Agostitlan se pretende construir un pequeño museo, el cual llevara su nombre para resguardar aquí todo lo referente a su historia y no dejar que se olvide a este gran personaje. Además se contempla el construir una estatua del personaje. Se entrega el premio Capitán Miguel Carrillo Ayala a los mejores alumnos de las escuelas como una muestra del ejemplo que es para nosotros y que les sirva como identidad para que en el futuro sean personas de provecho en el ámbito que sea y que siempre persigan un ideal digno.

Premio Miguel Carrillo Ayala otorgado en Agostitlan al mejor alumno.

Con motivo de la conmemoración del Centenario de la Aviación en México el 25 de Febrero de 2010 se realizo en la Torre Mayor del Distrito Federal uno de los edificios más emblemáticos considerado el más alto en Latinoamérica una exposición llamada "México en el aire, una exhibición de altura" siendo una exhibición aeronáutica de fotografías y artículos aeronáuticos, donde no podía faltar nuestro gran "pinocho" siendo de nuevo admirado por los que conocen su historia y los que no lo sabían; este evento fue auspiciado por la SMEAL (Sociedad Mexicana de Estudios Aeronáuticos Latinoamericanos).

Expo "México en el aire, una exposición de Altura"
organizada por la SMEAL; no podía faltar el pinocho.
Foto: Revista América Vuela.

Inicialmente hubo una conferencia de prensa de 18:30 a 19:30 horas en el Conference Center de TM. Mientras que la inauguración fue hecha a las 20:00 horas, con el corte de listón correspondiente y brindis. A esta fueron invitadas muchas personalidades y muchos familiares de los pioneros de la Aviación. Realizándose después un convivio donde se rememoraron todas estas hazañas de la aviación nacional entre personalidades del medio aéreo, familiares de los próceres de nuestra aviación, gente de la industria aérea e invitados especiales. Esta exhibición estuvo montada desde el 25 de Febrero hasta el 19 de marzo de 2010 y estuvo abierta al público todos los días. El avión pinocho estuvo exhibido en una de las mantas, la referente a los aviones hechos aquí en México colocada en los muros del vestíbulo de la Torre Mayor.

Otra toma de frente al pinocho Expo "México en el aire,
una exposición de Altura" SMEAL.
Foto: Revista América Vuela.

La SCT en su sitio oficial de Internet realizo una serie de videos conmemorativos alusivos a los 100 años de la aviación en México y Miguel Carrillo Ayala Pinocho fue incluido en el video de Construcciones aeronáuticas, en este se narran las más importantes proezas de aviadores mexicanos, destacando la gran hazaña de nuestro aguilucho y colibrí de Agostitlan. En febrero de 2010 también fue publicado un folleto conmemorativo a los 100 años de la aviación en México por Suplementos Corporativos S.A. de C.V. mencionado también la hazaña de Miguel Carrillo Ayala Pinocho. Este suplemento estuvo patrocinado por las principales empresas de aviación que existen en nuestro país.

Monumentos, Calles, Escuelas y demás en Honor a Miguel Carrillo Ayala Pinocho. En la capital Michoacana una calle de la colonia Guadalupe lleva el nombre del Capitán Carrillo y donde se acompaña de todos los más altos militares de la Fuerza Aérea Mexicana como por ejemplo Emilio Carranza.

Calle Miguel Carrillo en Morelia Michoacán ubicada
en la Colonia Guadalupe.

En Zitacuaro se encuentra una placa conmemorativa rememorando la hazaña de Miguel Carrillo colocada en la esquina que forman las calles Miguel Carrillo Oriente y Avenida Revolución Norte es una placa de mármol que fue colocada ahí por iniciativa de la unión de comerciantes e industriales en pequeño, hay que recordar que don Avelino Carrillo era miembro de esta organización y dichos agremiados le habían nombrado delegado de organización y propaganda del PNR en el Distrito de Zitacuaro el 29 de Febrero de 1932. Esta placa fue develada el 16 de Septiembre de 1938. Ese mismo día se le impuso el nombre de Miguel Carrillo a esa calle.

Placa develada en Zitacuaro en 1936 en honor al Miguel Carrillo.

Calle Miguel Carrillo en Zitacuaro Michoacán en honor a este
gran personaje michoacano.

La Calle Miguel Carrillo de Zitacuaro se ubica en Esquina con avenida Revolución ahí quedo plasmado su nombre para siempre como un agradecimiento del pueblo de Zitacuaro para este gran personaje que aun no siendo nativo de esta tierra fue nombrado hijo predilecto.

Pequeño Monumento que alberga la placa en Zitacuaro.

Dentro de la presidencia municipal de Zitacuaro existe un mural alusivo a Miguel Carrillo y su pinocho obra de la pintora Azucena Heredia Esquivel quien fuera discípula del gran pintor Abel Medina Solís, aquí el pinocho comparte ese lugar con hechos históricos muy importantes de esta tres veces heroica ciudad pero que pinocho se gano a pulso su lugar ahí para que nunca se olvide su hazaña.

Mural en honor a Miguel Carrillo en la Presidencia Municipal de Zitacuaro.
Junto a el los hechos históricos más importantes de esta heroica Ciudad.

Ahí el pinocho forma parte de los principales acontecimientos de esta Ciudad y se muestra como lo que fue un héroe imponente, digno de compartir este espacio con la Junta Suprema Nacional Americana.

Detalle. Mural Pinocho de la pintora Azucena Heredia Esquivel.

En Zitacuaro existe una escuela preescolar que lleva su nombre, en la calle Lázaro Cárdenas No 31.

Calle Miguel Carrillo en Tuxpan Michoacán.

En Tuxpan existe otra calle ubicada en esquina con la avenida principal, la cual cuenta con dos pequeñas callecitas 1ª Privada de Miguel Carrillo y 2ª Privada de Miguel Carrillo así como también una placa conmemorativa a los 100 años de su natalicio ubicada dentro de la presidencia municipal.

1ª Cerrada de Miguel Carrillo, Tuxpan Michoacán.

2ª Cerrada de Miguel Carrillo, Tuxpan Michoacán.

El señor José Auxilio Vega uno de los primeros cronistas de la XETA radiodifusora de Zitacuaro y amante de rescatar todo lo importante de Zitacuaro a su estilo personal haciendo pequeñas maquetas de materiales que tiene a su alcance, es un ejemplo de las personas más valiosas que buscan que no se pierda la historia, tengo la satisfacción de haber visto concretado el antiguo Teatro Juárez de Zitacuaro en una maquetita el día que lo visite armado en varios bloques con todo y sus butacas.

Avión pinocho a escala hecho a mano por el Sr. José Auxilio Vega.
Un modelista de antaño.

No le podría faltar en su colección el pequeño avioncito pinocho que al verlo para mi fue una gran experiencia ver como lo hizo idéntico al original y solo con recordarlo y es aquí donde se refleja de verdad lo que Miguel Carrillo dejo en la gente de estos lugares, es muestra de que la gente que como yo hacemos algo muy propio de nosotros, nos identificamos con esto y nos sentimos orgullosos.

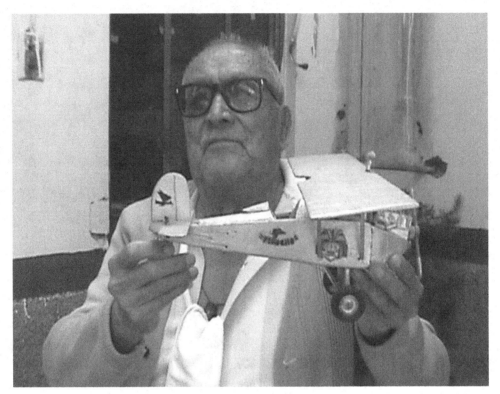

Don José Auxilio nos muestra a detalle su avioncito.

Don José Auxilio al tomar el avioncito en sus manos lo hizo con mucho cuidado como cuando se carga en brazos a un pequeño bebe, queriendo que sus manos sean de seda para no maltratarlo, pues para el vale mucho este pequeño avioncito. Porque al hacerlo demuestra la gran admiración que siempre tuvo hacia Miguel Carrillo Ayala.

La toma de frente nos muestra lo idéntico que lo hizo.

En lo personal yo me siento afortunado de poder publicar este lindo detalle y mostrarlo a la gente en general, como muestra para las futuras generaciones e invitarlos a seguir conservando por siempre estas historias que nos dan identidad como pueblo y que nos enriquece no con lo material sino con algo más valioso nuestras raíces.

El amor a lo amado. José Auxilio Vega.

Una de las fotos más características y que para mi opinión personal es una de las mejores, donde don José Auxilio nos muestra que aun conserva lo que mucha gente ha perdido que es la capacidad de soñar como lo hace un niño sin ponerse barreras ni limitaciones y sin palabras nos muestra esa sonrisa y satisfacción al tomar el avioncito en su mano y ponerlo en línea de vuelo como deseando ser las alas del pinocho y dejarse llevar con la imaginación hacia el horizonte infinito.

206

La voluntad de volar, de ser niño otra vez, soñar y no ponernos limitaciones simplemente abrir nuestras alas al viento. Eso nos muestra don José Auxilio.

También el Sr. José Maria Ramírez Espinoza quien es nieto de don José Maria Ramírez Soto una de tantas personas que estuvieron cerca de Miguel cuando construyo su avión y que posa junto a el en varias de las fotos previo al vuelo hacia la Ciudad de México.

La huella del "Pinocho" seguirá viva generacion tras generación, muestra de ello el avioncito más grande y el más pequeño como si fuera una señal de esto.

Don José Maria dice sentirse orgulloso de su abuelo quien fue un gran maestro particular en Zitacuaro, que les inculco y dejo viva la historia de Pinocho tanto así que el y su hijo Cesar Ramírez Reyes, también hicieron su pequeño pinocho a escala. Como hemos visto la huella de Miguel Carrillo sigue viva de generación a generacion, aquí y allá por todos lados, siendo un gesto muy admirable lo que la gente hace a favor de mantener viva en ellos y en sus familiares la historia de pinocho.

Sr. José Maria Ramírez Espinoza. Muestra de la admiración a "Pinocho".

Dedico esta obra al copiloto desde siempre y para siempre del Capitán Miguel Carrillo Ayala "Pinocho"; su esposa y compañera que siempre estuvo a su lado en las buenas y malas, quien a pesar de los años conserva vivo el recuerdo de todo lo vivido al lado del Capitán, siendo el más grande testigo de esta historia que tienes en tus manos amable lector.

Muchas gracias Sra. Damaris Maya López viuda de Carrillo.

Sra. Damaris Maya López viuda del Capitán Miguel Carrillo. 10 de Mayo de 2010.

Aun y con todo esto considero que lo que se ha realizado en honor a este paisano mió ha sido poco teniendo en cuenta la importancia de lo que logro hacer en su tiempo, con lo que tenia a la mano, contra todos los pronósticos, de haber sufrido burlas, que todo mundo lo halla juzgado cuerdo, y por eso espero que en un futuro venidero las nuevas generaciones de michoacanos del oriente a través de estas publicaciones conozcan a fondo este tema para que tengan una identidad propia, que sigan este ejemplo y se siga honrando la memoria de Miguel Carrillo Ayala "Pinocho".

FUENTES DE INFORMACIÓN

ARCHIVOS:

Archivo de la Tenencia de Agostitlan,Michoacán.

Archivo del Registro civil de Tuxpan, Michoacán.
Ramo: Matrimonios, Libro 2, Foja 33, Acta Nº 43. año de 1905.
Ramo: Nacimientos, Libro 1, Acta Nº 235 año de 1908.

Archivo General de la Nación. Rebelión Cedillista, Saturnino Cedillo.

Defensa Nacional, departamento de Archivo, Correspondencia e Historia. Archivo de la Fuerza Aérea Nacional, expediente Numero V/III/7-42. Año de 1969. Carrillo Ayala Miguel Capitán 1º de F.A.P.A Mat. 262692 Tomo segundo.

HEMEROGRAFIA:

De Zitacuaro a México volando, llega el "pinocho", *La Prensa*, año VIII, segunda época, Nº 267, México D.F., Jueves 14 de Mayo de 1936, p.6.

El constructor del Avión "Pinocho" volara de Zitacuaro a México, en: *El Universal*, año XX, T.LXXVIII, No. 7,405, México, D.F., jueves 14 de Mayo de 1936, p.1.

Muy arriesgado vuelo para hoy en una avioneta. Lo intentará el joven Carrillo en su "Pinocho", en. *El Nacional*, año VII, T. XV, Segunda Época, No. 2,534, México D.F., jueves 14 de Mayo de 1936, pp.1, 5.

En diminuto avión consumo un exacto vuelo Miguel Carrillo, en: Excelsior, año XX, T.III, No. 6,970, México D.F., viernes 15 de Mayo de 1936, pp.1, 5.

"Pinocho volador", en: *La Prensa,* año VIII, segunda época, No. 268, México D.F., viernes 15 de Mayo de 1936, pp.1, 2,19.

Realizó ayer su vuelo en una avioneta, en: *El Nacional,* año VII, T.XV, segunda época, No. 2,535, México D.F. viernes 15 de Mayo de 1936, p.1.

Una proeza: De Zitacuaro, Mich., a México en una avioneta que por su pequeñez parece un chapulín, en: *El Universal,* segunda sección, año XX, T.LXXVIII, No.7, 406, México D.F., 15 de Mayo de 1936, pp.1, 8.

"El heroico "Pinocho" ha sido declarado, hijo predilecto de la Ciudad de Zitacuaro" en: *La Prensa*, año VIII, segunda época, No.270, México D.F. Domingo 17 de Mayo de 1936 pp.2, 10.

"Small airplane below is Miguel Ayala´s "Pinocho" home-built with 4-cylinder auto Ford" en: Flight, internacional supplement, volumen 56, Inglaterra 1967.

"*Tierra Adentro* dedica número doble a la historia de la aviación", en: *La Jornada,* México D.F. 17 de Diciembre de 2003.

"Proponen nombrar Miguel Carrillo al aeropuerto de Zitacuaro" en: *Cambio de Michoacán* 6 de Febrero de 2007.

"El Ayuntamiento de Tuxpan homenajeará al piloto Miguel Carrillo Ayala Pinocho", en *La Jornada Michoacán*, 6 de Julio de 2008.

BIBLIOGRAFÍA:

Galván Rivera Mariano, Calendario del más Antiguo Galván, Antigua Librería de Murguía, 1950, p.762.

Fierro Villalobos Roberto, Esta es mi vida, autobiografía, 1964, p.107.

Tiempo Hispano americano, 1965, p.22.

Casasola Gustavo, Seis Siglos de historia Grafica de México, Ediciones G. Casasola 1968, pp. 3006, 3017.

Comunicaciones y trasportes, editor el mismo, No. 14-25, 1974.

Teja Andrade Jesús, Zitacuaro, monografías municipales del Estado de Michoacán, Gobierno del Estado de Michoacán, 1978, p.191.

López Maya Roberto, Tuxpan Monografías Municipales del Estado de Michoacán, Gobierno del Estado de Michoacán, 1979, p.296.

Domínguez Tapia Carlos, Forjadores de Baja California, 1980, p. 43.

Mac Donald Escobedo Eugenio, Historiográfia de Conceptos Pronunciados por gobernantes mexicanos desde 1823, editor s.n., 1981 p.117.

Borras Betriu Jaime, Vuela alto un celemín de vida, ediciones 29, 1985

Martínez Nateras Arturo, La Flor del Tiempo, 1988, p.32.

Guzmán Pérez Moisés. *Pinocho,* Una Página en la Historia de la aviación Mexicana, Morelia, H. Ayuntamiento Constitucional de Zitacuaro Michoacán 1996-1998, Universidad Michoacana de San Nicolás de Hidalgo. 1998.

Oikon Solano Verónica, Manufacturas de Michoacán, Edición Ilustrada, Colegio de Michoacán A.C., 1998, p.60.

Ruiz Madrigal Samuel, Zitacuaro y su Historia, IMCED, 2000, p.87.

Aguirre José Eduardo, Ro-sendas de Michoacán, IMC Ediciones, 2001, p.265.

Jordán Juárez Fernando, Mar Roxo de Cortes Biografía de un Golfo, Colección Baja California: Nuestra Historia, Universidad Autónoma de Baja California, Instituto Sudcaliforniano de Cultura, CONACULTA. 2001. pp.197-212.

Moreno Macias Nazaria Catalan B. Juan Carlos, Pindekua Historia y Cultura Popular de los Pueblos Michoacanos, edición ilustrada, Morevallado Editores, 2001, p.246.

Arce Emilio, El Corral Viejo: Anecdotario Sudcaliforniano, Secretaria de Educación Publica, 2003 p. 58.

Herrera Helios, Hacedores de Sueños, Segunda Edición. 2004. Editorial EDAMEX.

Tello Guzmán José, "Agostitlan un paraíso Escondido". 2009.

Romero Ibarra Romero I, Contreras Valdez José Mario, Méndez Reyes Jesús, Poder público y poder privado: gobierno, empresarios y empresas, 1880-1980, UNAM, 2006, pp. 383,384.

Martínez Núñez Paloma, Martínez Nateras Arturo, Tuxpan Michoacán 2010 un pueblo en la Historia. Ayuntamiento de Tuxpan Michoacán, Gobierno del Estado de Michoacán, 2010.

Duarte Soto Crispín, Jiménez Baca Santiago, Zitacuaro, Memoria Fotográfica (Periodo 1885-1964), Cuarta Edición. 2010.

REVISTAS:

Palomilla, N° 3, Revista Infantil de la Secretaria de Educación Pública, Comisión Editora Popular, Colaboración: Sección de Artes Plásticas.1936.

Aviación, Vol. 1, Números 1-7, Cuerpo Aeronáutico de Perú, Ministerio de Aeronáutica. 1936, p.70.

Publicación, Departamento de Aeronáutica Civil, México de Noviembre de 1944 a Junio de 1945. p. 366.

El avión de Madera, Colección Mini Aventuras, Editorial Argumentos S.A. publicación Semanal. Director General Guillermo de la Parra, argumento Daniel Muñoz, Dibujo Roberto Ávila. 1967. 96 Págs.

Flight, Vol. 56, Inglaterra, 1967, pp. 83, 84.

Cámara de Diputados, Legislatura XLIX, Periodo Ordinario, Diario 31, 23 de Octubre de 1973. Diputado Feliciano Calzada Padrón al Presidente Diputado Carlos Sansores Pérez y honorable asamblea.

Revista Zitacua, N° 2, José Auxilio Vega C. 1975.

Razón Política, Revista Cultural Social y Deportiva, No 21, Marzo a Abril de 1982, Santa Rosalía Baja California Sur,

Director Benito Juárez Murillo, Gerente: Roberto Gastelum Arce. Págs.: 17-20.

Escala Revista a bordo de Aerovias de México, S.A de C.V. editada por Impresiones Aéreas, S. A. de C.V. 1990.

"El avión de Pinocho", Adriana Navarro, Revista Escala, Impresiones Aéreas S.A de C.V. año 1990, pp.22, 26.

"Homenaje a Miguel Carrillo Ayala en el cincuentenario de su arribo a Tierras sudcalifornianas", Mercedes Acuña Peralta, Crónicas 1-7, Dirección de la Crónica Estatal, Gobierno del Estado de Baja California Sur 1990, pp.9, 10.

Época, Semanario de México, No. 1-12, Época de México, S.A. 1991, p.69.

América Vuela, La Revista de Aviación Latinoamericana, copyright 2007, publicación bimestral por Dávila, Lira y Asociados Numero 133. 2010.

OTROS:

Proyecto de Largometraje por Juan José Díaz Infante, Fernando de Garay, Junio de 1997, Sitio de Internet www.altamiracave.com.

Proyecto Aeródromo "El Pinocho", organismo solicitante: C. Enrique Zepeda Morales, Municipio de Zitacuaro Michoacán.